领导三做

子浩◎编著

中国华侨出版社

·北京·

图书在版编目 (CIP) 数据

领导三做 / 子浩编著 .—北京：中国华侨出版社，
2005.10（2024.11 重印）

ISBN 978-7-80222-028-7

Ⅰ . 领… Ⅱ . 子… Ⅲ . 领导学 Ⅳ . C933

中国版本图书馆 CIP 数据核字（2005）第 120365 号

领导三做

编　　著：子　浩

责任编辑：刘晓燕

封面设计：胡椒书衣

经　　销：新华书店

开　　本：710 mm × 1000 mm　1/16 开　　印张：12　字数：130 千字

印　　刷：三河市富华印刷包装有限公司

版　　次：2005 年 12 月第 1 版

印　　次：2024 年 11 月第 2 次印刷

书　　号：ISBN 978-7-80222-028-7

定　　价：49.80 元

中国华侨出版社　北京市朝阳区西坝河东里 77 号楼底商 5 号　邮编：100028

发 行 部：（010）64443051　　　传　真：（010）64439708

如果发现印装质量问题，影响阅读，请与印刷厂联系调换。

前 言
PREFACE

所谓领导三做,即做事、做局、做交换。本书试图以不同时代领导者各不相同的为官之路的个案,探究中国古代领导者的领导理念和领导艺术,尤其是这其中蕴藏的丰富的思想内涵和巧妙实用的领导方法对今天的现实借鉴意义。"领导三做"正是对这些内涵和方法的总结。

做事,是指领导者必须是一个能做实事的实干家。领导者只靠指手画脚,靠职位赋予自己的领导权力是远远不够的,还必须有能力、道德的支撑,必须能拿出做事的真本事来服众才行。

做局,是说领导者不能简单化地处理问题,而应把每一件事当作全局的一部分,以高超的领导智慧和技巧去布局、护局和收局。

做交换则强调,领导者与上下级之间应树立起一种交换的观念:给予激励换来努力,给予宽容换来感激,给予真诚换来信任。

历史的经验告诉我们:"三做"是领导者成事的必然通道。

在奉"学而优则仕"为圭臬的中国古代社会,当官成了读书人最终的、也是唯一的出路。挤在这条狭窄而又荆棘密布的为官之路上,一马当先、扬长而去者有之,狐疑不定、畏缩不前者有之,耀武扬威,为加快速度把别人挤落桥下甚至踩在马下者有之,而更多的则是跟在人后、踩着步点缓慢而行的平庸者。自然，为了让自己的为官之路更顺畅些，人们用尽心力，提出了不少精辟的见解，想出了不少巧妙的方法。有的则在功成名就或者被挤下"官路"之后，整理心得，著书立说。像唐朝吴兢的《贞观政要》、宋朝吕本中的《官箴》、清朝陈弘谋的《从政遗规》等等。当然以今天的眼光来看，其中充斥着许多腐朽落后的思想，但也不可否认，有很多一以贯之的甚至规律性的东西还是值得我们今天的领导者思考和学习的。

在今天，做官仍然是很多人的追求，但是今天官员的意义和职责与过去的时代相比已有很大不同。也许现在我们更习惯于称官员尤其掌握一定权力的官员为领导，不管官员也好、领导也好，都是为人民和国家服务，而不再是高高在上的"父母官"。

但是，这并不意味着领导者就不用再学习为官的知识，不用再汲取前人领导的经验与教训，不用再探究为官的方法和技巧。毕竟，古今中外，在每一位领导者孜孜求索的道路上，有一些共同的规律需要遵循，有一些百试不爽的秘诀可以互用。一个最明显的事实是，有的人学识一般却平步青云，有的人才高八斗却沉居下僚，有的人靠能言腾达，有的人却因善辩遭黜，如此等等，不一而足。这个事实表明了，为官之途变幻莫测，一个人的际遇需要能力、知识、机会、技巧、胆魄、智慧，这些要素对某一个人可能缺一不可，对另一个人或许只需其一。

无可否认的是，领导者若不懂得为官之路上的领导艺术，终将被时代淘汰。所以，研究领导科学，学习、切磋前人留下的领导艺术的精髓、领会"领导三做"的精神实质，不只是现职领导者的事，也不只是一把手的专利，同时也是即将走上领导岗位或有志于成为领导者的人需要经常温习的功课。

目 录
CONTENTS

 上篇　做事

能做实干家的领导才能服众

领导有时候只靠指手画脚、颐指气使是不能解决问题的。职位赋予领导者指挥、领导的权力，但要把手下这帮人带成一个团结、有纪律、高效率、出成绩的团队，还必须有个人在道德、能力等方面的支撑，必须拿出点真本事来服众。也许领导者仅仅做一个实干家是不够的，但是不能做实干家的领导则是万万不行的。

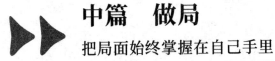

中篇　做局

把局面始终掌握在自己手里

领导者要让手下几个人、几百人甚至成千上万人朝着一个方向努力，事情的复杂和多变使局面很容易失去控制。这就要求领导者不能像一个普通人一样，简单化地处理任何事情，而应该把每一件事当作全局的一部分，以高超的领导智慧和技巧去布局、护局和收局，也就是所谓的做局。一个会做局的领导才是成熟的、可担当大任的领导。

下篇　做交换

有取有予是最有效的领导之道

有的领导者天真地认为，领导就是要索取，下属就是要给予——领导下达命令、享受成果，下属努力干好本职工作、完成上级交付的任务。实际上，没有什么事情是天经地义的，上下级之间更是如此。领导者必须树立起一种"交换"的观念：给予激励可换来努力，给予宽容能换来感激，给予真诚能换来信任。

上篇　做事

能做实干家的领导才能服众

————◆————

领导有时候只靠指手画脚、颐指气使是不能解决问题的。职位赋予领导者指挥、领导的权力，但要把手下这帮人带成一个团结、有纪律、高效率、出成绩的团队，还必须有个人在道德、能力等方面的支撑，必须拿出点真本事来服众。也许领导者仅仅做一个实干家是不够的，但是不能做实干家的领导则是万万不行的。

▶▶ 第一章　靠能力

建立功绩永远是仕途顺畅的基础

　　做事靠实力是每一位身居领导之位的人必须树立的观念，这里的"实力"首先就是做好本职工作的能力。官衔有大小、地位有高低，但是恪尽职守、以能力和作为铺就为官坦途的规律是一样的。如果说为官升职的路有千万条，那么，把自己所担负的职责做到最好，就是每一条路的起点和入口。

在其位就应谋其政

▶▶ 领导警语

　　啊！诸位官员，不要总想安逸休息，要想方设法干好你的工作，爱护那些正直的人，上天洞察一切，会赐给你富贵与长寿。（嗟尔君子，无恒安息，靖共尔位，好是正直，神之听之，介尔景福。）

——《诗·小雅·小明》

孔子曾言："政者，正也，其身正，不令而行；其身不正，虽令不行。"这自然是古代社会贤辅良相的重要前提，但若仅仅拥有这一点，对领导者来说还是远远不够的。譬如一国宰辅，处一人之下，万人之上，位百官之首，总百揆，理阴阳，还必须同时拥有"在其位，谋其政"的责任和宰辅相位应具备的才气与能力，才有可能成为真正的贤辅良相。

在其位，谋其政，首先是要兢兢业业，勤勤恳恳。

宋朝名相王旦对朝廷政务可说是兢兢业业。他退朝归家时还常常惦记朝政，专心思考。王旦有一马夫，岁满辞归，王旦问道："你控马几时？"答："五年矣。"王旦曰："我不省有汝。"马夫转身欲去，王旦急忙叫住他问："你乃某人乎？"于是厚赐之。原来此夫每日为王旦赶车御马，王旦在路上只是想着政事，从未注意过马夫是何模样，也从未与之交谈过，故只识其背，不识其面。归家后，王旦往往不去冠带休息，却入静室默坐，家人每每惶恐不安，不敢惊扰，也不明白是何道理。后来，王旦的弟弟去问副相、参知政事赵安仁，说："家兄归时一如此，何也？"赵安仁告诉他："方议事，公不欲行而未决，此必忧朝廷矣。"

在其位，谋其政，还要兴利除弊，救时救世，如唐中期的名相姚崇即被称为"救世宰相"。

姚崇历仕唐武则天、睿宗、玄宗诸朝。他"明于吏道，断割不滞"，"善应变以成天下事"，为相期间，恪尽职守，勤政爱民，政绩卓著，被时人誉为"救时宰相"。武则天时期，他因富于才干，被破格提拔为兵部侍郎、同中书门下平章事（宰相）。当时武则天重用酷吏，告密者蜂起，酷吏来俊臣、周兴等大兴冤狱，许多朝臣和李氏宗族被无辜杀死，因此，朝臣人人自危。刚上任的姚崇认为自己有责任改变这种局面。于是他直率而诚恳地劝谏武则天，说服她改变酷治，以保持政局的安定，统治的长久。武则天为之所动，并于长安二年（702）修正来俊臣等酷吏造成的冤假错案，为受害的官员"伸其枉滥"。为此，武则天赞赏他道："以前宰相皆顺成其事，陷朕为淫刑之主。闻卿所说，甚合朕意。"并赏银千两。

睿宗时期，身居相位的姚崇极力革除弊政。当时官僚机构臃肿，百官泛滥，铨官制度紊乱。尤其是公主、后妃们，大搞"斜封官"。按正常程序，应是吏部先用赤笔注官之状，门下省审批，皇帝授旨，称"赤牒授官"。斜封官则是皇帝受公主、后妃的请谒，用墨笔敕书任命官员，用斜封交付中书省。她们利用斜封，鬻法徇私，进而搞裙带关系，各树朋党，扰乱吏治，致使政府机构的工作难以正常开展。姚崇则联合宋王景等上言："先朝斜封官悉宜停废。"睿宗采纳了他们的建议，"罢斜封官数千人"。同时，他又不畏强权，大力整顿吏治，使唐政府很快出现了"赏罚尽公，请托不行，纲纪修举"的清新局面。姚崇为玄宗辅政时期，继续大力整肃吏治。严格铨选制度，对于以请托等不正当手段谋取官职的，无论是谁，姚崇都坚决予以制止。开元二年（714）二月，申王李成义向玄宗请托，要求将他府中的阎楚硅破格晋升，玄宗答应照顾。这种做法违反了官吏提拔的正常程序，姚崇坚决反对。他和另一丞相卢怀慎上书，反对因亲故而升官晋爵。姚崇的力争，迫使玄宗收回成命。自此，向皇帝请谒封官的情况大为收敛。

玄宗开元四年（716），山东蝗虫大起，当时百姓迷信，不敢捕杀，而在田旁设祭、焚香。姚崇派遣御史分道捕杀。汴州刺史倪若水拒绝御史入境，认为蝗虫是天谴，自宜修德，以感动上天。姚崇得知大怒，牒报倪若水说："古之良守，蝗虫避境，若其修德可免，彼岂无德致然！今坐看食苗，何忍不救？因以饥馑，将何自安？幸勿迟回，自招悔吝！"此时，包括卢怀慎在内的朝中大臣也多认为驱蝗不便，玄宗也有所怀疑，姚崇说："今山东蝗虫所在流满，仍极繁息，实所稀闻。河北、河南，无多贮积，倘不收获，岂免流离。事系安危，不可胶柱……若除不得，臣在身官爵，并请削除。"结果玄宗被说服。排除各方阻力后，姚崇全力督察捕蝗工作，并且还亲自设计捕蝗办法："蝗既解飞，夜必赴火，夜中设火，火边掘坑，且焚且瘗，除之可尽。"结果颇见成效，蝗灾逐渐止息，当年农业取得了较好的收成。

姚崇一生为政，以身作则，兴利除弊，救世治国，尽责尽职，深得诸帝及同僚们的推许，并对后世产生了很大影响。

在其位谋其政是对领导者最基本的要求，这一个要求需要他竭尽全部领导智慧去做好。

三做深解

应首先树立起正确的"官"念

忠于职守看起来简单，要真正做到却绝非易事。明代有两位名叫刘健、刘大夏的大臣都经历了明武宗荒唐、刘瑾用事的时代，他们都忠于臣职，规谏武宗，反对刘瑾。如刘健上书，引朱熹的话："一日立乎其位，则一日业乎其官；一日不得乎其官，则不敢一日立乎其位。"表示在其位就要谋其政，因此就要反对刘瑾专擅，且不怕丢官去职。刘大夏曾经说："居官以正己为先，不当独戒利，亦当远名。"又说："人生盖棺论定，一日未死，即一日忧责未已。"正己不仅不图利，连名也不枉图，而且要一贯如此。他们为公事，往往把自身利害置之度外，敢作敢为，不谋私利。

姚崇、王旦也好，刘健、刘大夏也罢，他们之所以能恪尽职守，在自己的位置上博得善谋其政的美誉，首先在于他们脑子里树立起了正确的"官"念，这就是，当"官"不是为了享福，不是为了享受某级或者某种待遇，而是为了担负起"官"的责任。假使所有的当"官"者都成了"带责任上台，担着责任执政"的"责任人"，如履薄冰，小心翼翼，一改那种坐在"太平椅"上享"官"福的积习，全身心地投入工作中，投入为实现任期目标的努力中，殚精竭虑，尽心竭力，恐怕就不会有太多解决不好、解决不了的问题了。

以大胆革新树立能干的声望

▶▶ **领导警语**

见识和度量都大，那么不论是毁誉、还是忧喜，都不足以打动他的思想。（识量大，则毁誉欣戚不足以动其中。）

——《薛文清公要语》

领导者常会遇到这样一个问题：是固守陈规、得过且过、保仕途平安，还是激流勇进、大胆革新、开创一片新局面？平庸的人以安全为第一要务，往往选择前者，而能力出众的人想的是建立非同凡响的功绩，遇到再大的困难和阻力也无所畏惧。

春秋末年著名的政治家子产，就以其大胆的改革取得了巨大的政治成果，不仅在当时树立了官望，也在历史上留下了一个改革家的高大形象。

子产所处之世，正值周室衰微，诸侯兼并；战争频繁，天下大乱。郑是个小国，处于晋楚两大霸国之间，为两国必争之地，处境十分困难。大国侵凌小国是常事，国小卑弱的郑国更是多次遭受侵凌之辱，晋、楚、齐、秦等大国都对郑国虎视眈眈。国内则是"族大宠多"，内部矛盾重重，祸乱不已，内乱频仍。当此内忧外患之际，国家面临崩溃之时，子产相郑可以说是受命于危难之中，等着他去治理的郑国是一副难以收拾的烂摊子。

然而子产丝毫没有畏难情绪，而是迎难而上，雄心勃勃，力图振兴郑国。他上台后做的第一件大事，就是将城池赠送给郑大夫伯石。为什么要这样做呢？他向对此不理解的子大叔说："要想叫人没有贪欲是很难的，假如能让每个人都满足自己的欲望，借重这种人使他们为国家做事，就可按照理想完成任务，这就是说我使他成功，并不是别人让他这样做。我为什么要爱惜这块土地呢？反正还是归郑国人所有。"他还说："要想安定国家，必先安定大族。"这就是说，一定要优先照顾国内的大族，使其稳定、和睦，然后才会有国家的安宁。事实并不是这么简单，子产之所以笼络大族，除了虑及于此外，还分明别有深意。他刚刚执政，根基本来就浅，立足未稳，这也算是巩固自己的政治地位而采取的权宜之计，同时也是为了暂时调和统治阶级内部矛盾所做的策略性妥协。这也就为其日后的改革在一定程度上稳定国内局势奠定了基础，使其能够从容行事。

子产治理郑国政绩斐然，他使国都和边塞地区人们所坐的车和穿的衣服尊卑有序，公卿大夫们穿的衣服也各按规章。田地都有封疆界线，人民住宅区每五家编成一组互相保护。公卿大夫忠诚俭朴的，就给他们以适当的奖励；而那些奢侈散漫的，则按罪的轻重加以处罚。这些改革都是适时而行的，而这又意味着更为震动人心的改革、更为大胆的革新措施即将出台，这就是划定封疆界线。

早在二十年前，子驷也进行过这种改革的努力，但那次引起了暴乱。春秋中后期原来的井田制已经逐渐被破坏了，一些贵族肆意占有原来的公田，并将其变为私田，而且他们还掠夺了农民的私田，从而使代耕公田也变成了徭役剥削。这导致了各诸侯王国政府收入的减少，另一方面也引起广大人民和一部分没落贫穷贵族的不满。子驷封疆界线是将贵族"多余"的土地分给普通民众，这必然侵犯了既得者的利益，那些丧田的贵族发动了暴乱，子驷被杀，其改革也自然失败了。而子产的父亲也是在那次暴乱中牺牲的，因此他不会不考虑到改革的后果。

然而，这并没有能够动摇子产改革的决心，事实上，他的改革得到了大臣子皮的有力支持，郑国的强族驷氏、良氏也都支持改革。正是在这些强有力的后盾支持下，子产进行了田制的整理和改革。改革伊始，阻力很大。子产改革一年后，世人都唱道："把我的衣帽藏起来，把我的田地围起来，哪个想要杀死子产，我愿意同他一起去。"群情汹汹，几乎又要酿成与二十年前同样的暴乱。可是仅过了三年，郑国的生产得到了发展，而且土地不均的现象基本消除，人民的生活也日渐安定，富足。这时，人们又普遍地对子产的改革表示拥护，郑国人民又唱道："我有了子弟，子产负责为我们教育；我有了田地，子产为我们种植；万一子产离我们而去，有谁能代替他呢？"子产的改革终于收到了良好的效果，体现出他的巨大的改革魄力！

在进行封疆改革后五年，子产又进行了"作丘赋"的改革，亦即按"丘"（十六井）征发军赋（包括车马、甲盾、徒兵等等），丘内新垦土田越多，分摊的军赋也就越轻，这一方面刺激了荒地的开垦，大大增强了生产力，另一方面也有效地增加了政府收入，有利于巩固政权。子产的这一改革，适应了春秋后期战争频繁、各国普遍加赋的趋势，无疑符合当时历史发展的潮流，有利于社会生产的发展。

当然，子产的这次改革也同样遭到一些人的反对，如郑国都城的人诽谤他说："他父亲横尸于路上，他自己就变成了蝎子的尾巴来毒害百姓，让这种人来治理国家，国家可怎么办呢？"子产听了之后，毫不动摇地说："这有什么可害怕的呢？我所做的事只要对国家有利，就不会计较我个人的生死得失，全力以赴地办好。更何况我常听人说，一个推行善政的政治家，决不会轻易改变行政措施，因为只有这样才能取得成功。人民不可以让他们太随便，政治制度不可以轻易改变。"他最后坚定地说，"我决不改变自己的行政措施。"如此坚定的意志，在春秋时期的政治家中是极其少见的，这也正是他改革成功的一个重要原因。

又过了两年，子产又进行了第三项改革，即"铸刑书"，也就是将刑典铸在鼎上。此举在国内的反响并不强烈，倒是引起了其他诸侯国的关注。

比子产稍后的孔子说："民心全在刑鼎上，怎么还会有上下尊卑之分呢？朝野上下没有贵贱之分，又怎么治理国家呢？"要知道在此之前，只是贵族阶级的习惯法，也即所谓"礼"，而铸刑书以后，则是成文法。"刑不上大夫，礼不下庶人"是天经地义的事，即礼只施用于贵族阶级，刑（即体罚）则施用于平民、奴隶，而子产将法律条文铸在鼎上，作为国家的常法，这多少有些限制贵族特权的作用，是有利于当时郑国的商人和新兴地主阶级的。尽管这些革新措施遭到了旧贵族保守势力的反对，但子产始终坚定不渝地进行改革。

子产的改革取得了极大成功。在其执政期间，郑国由乱而治，由弱而强，受到四方诸侯国的敬重。

子产顶着阻力而上，坚决实施自己的主张，在他斐然的政绩面前，反对者渐渐调低了调门并最终闭上了嘴巴，阻力变成了助力，由此树立起来的官望足以让子产拥有顺利执政的资本。

三做深解

创新取得成功是最大的成功

领导者如果没有创新能力，单位肯定会毫无战斗力，也没有活力可言。创新即突破常规，创造机遇，找到新招。领导者应当明白，现在任何一个单位都不是一个故步自封的世界，而是一个充满竞争的世界；这种竞争，主要是创新的竞争。现在很多单位都引入了竞争机制，目的就是激活单位的内部因素，提高单位的竞争力。领导者需要多动脑筋，多创新，找出一条适合自己单位发展的路子，面对困境起到力挽狂澜的作用。

"布里丹的驴子"的故事就是个很好的例子：有一头驴子，肚子很饿，而在它面前两个不同方向等距离地有两堆同样大小、同样种类的料草。驴子犯了愁，由于两堆料草和它的距离相等，料草又是同样的数量和质量，所以它无所适从，不知应该到哪堆料草去才是最短距离，才最省力气，于是在犹豫不决中饿死在原地了。这个故事的寓意是深刻的，除了故事创造者们批驳布里丹环境决定意识的观点外，它还向人们揭示了这样一个道理：许多时候，只要有点创造意识，就会焕发创造行动，就会有活力；而呆板凝滞是足以扼杀创造性的。

领导者必须牢记一条真理，我们每个人都可以应用创造力，同时在应用中增强这种有效的能力。也许有些领导者认为，高智商就意味着高超的创造力。但这是一种错觉，至少不完全对。领导者的创造力是没有极限的，唯一的限制来自他所接受的知识系统、道德系统和价值系统。这些系统常常妨碍他的创造力。由于这些系统的纷繁复杂，有些领导者在其中受到空前束缚，甚至认为自己没有创意。殊不知，任何一种系统都是人创造的，所以，你有权利持怀疑态度，而采取全面的创新方式，拓宽你的发展之路。作为领导者要善于创新，把各种"绊脚石"除掉，找到适合自己单位发展的道路。

恃能而骄者必遭祸患

▶▶ **领导警语**

　　不懂得利用别人的人和物，而只知道仗恃自己的能力，夸耀自己的才智，教令下得很多，好凭自己的意图行事，这样，各级官吏就会恐惧纷扰。（不知乘物，而自怙恃，夸其智能，多其教诏，而好自以，若此则百官恫扰。）

——《吕氏春秋·审分》

　　就像利刃可用于自卫，亦可用于杀人，能力是一个人有所作为的资本，但也可能成为遭受祸患的根源，关键在于拥有超凡能力并因此取得成功的人，如何看待和使用自己的能力。

　　很多人都听说过少年康熙智除鳌拜的故事，其中的主人公之一、权臣鳌拜就是一个恃能、恃功而骄，并因骄而败的典型。

　　顺治十八年正月，清世祖福临因患天花去世，遗诏指定八岁的皇三子爱新觉罗·玄烨为帝（康熙帝），并从上三旗中选任四名亲信大臣索尼、苏克萨哈、遏必隆、鳌拜为辅臣，辅助幼帝，佐理政务。至此，鳌拜以排列第四的位次正式跨入清朝领导核心层。

　　鳌拜早期就与内大臣费扬古有仇隙。费扬古之子倭赫为御前侍卫，与其他侍卫对四辅甚不礼敬。于是鳌拜抓住倭赫等人擅自骑乘御马，又使用御弓射鹿的僭礼之罪，将之弃市。费扬古说了几句抱怨的话，于是连坐，并将其子尼侃、萨哈连一起杀死，抄没家产给鳌拜之弟穆里玛。

执政初期的鳌拜已染上了多尔衮的"顺我者昌，逆我者亡"的恶习。

居辅政四大臣之首的索尼为四朝元老，深受孝庄皇太后的信任与赏识，鳌拜自知无论功劳和声望均为不及。遏必隆与鳌拜同属一旗，又与之交好，遇事同进同退。唯有苏克萨哈，以一等男加一云骑尉之低爵，班次竟居第二，一旦索尼归天，有可能依次递补，代替索尼总揽大权。另外，黄旗与白旗间宿怨极深，两人遇事常争吵不休。鳌拜利用黄白旗旧有矛盾，发动了圈地事件，以打击苏克萨哈。

圈地事件的胜利，使鳌拜野心急剧膨胀，他开始广植党羽，打击异己，疯狂地攫取权力。康熙六年六月，索尼去世，鳌拜从辅政四臣中一跃为首位。七月，康熙亲政，升鳌拜一等公。鳌拜更加专横恣肆，手下人占军政要职不下二十余人。

上帝若要他毁灭，必先让他疯狂。正白旗辅臣苏克萨哈本与鳌拜有隙，在圈地事件杀苏纳海时又得罪鳌拜，见鳌拜势力日盛，便奏请为先帝守陵，一则可避鳌拜锋芒，以全余生；二则试图以自己退隐的行动迫使鳌拜、遏必隆相应辞职交权。但皇帝毕竟年轻，不理解苏克萨哈的困境和苦心，见他突然申请守陵，便派人询问原因。鳌拜趁机假传圣旨指责苏克萨哈，并操纵议政王大臣会议，颠倒黑白，给他编造"不欲归政"等二十四条大罪，拟将苏克萨哈及其长子内大臣查克旦处以磔刑，余子六人，孙子一人，兄弟之子二人，同旗旗人统领白尔赫图、侍卫额尔得等一律处斩。康熙这才知道鳌拜等人与苏的仇怨，坚持不允所请。鳌拜原本武人出身，性格暴烈，又欺康熙年幼，疾言厉色，挥臂向前，连日强辩。康熙到底是个孩子，被吓得胆战心惊，被迫同意了鳌拜的要求，只将苏克萨哈的磔刑改为绞刑，其余均按原议行刑。至此，鳌拜专权已至巅峰，康熙渐感无法容忍。

害死苏克萨哈后，鳌拜更加肆无忌惮，为所欲为，班行章奏，自列首位。康熙虽已亲政，但鳌拜党羽遍布朝廷各个部门，六大部几乎全是他的人，实权全在鳌拜手中，每有大小事，如任免官员，实施政策等，都先到鳌拜家中议定，再通知康熙实行。每次上朝议事，动辄高声呵斥廷臣，而且主意一定，非得让康熙屈从己意。如其党羽马迩赛死，康熙明令不准赐谥，鳌拜竟不遵行，仍然赐谥。

鳌拜集团的存在，成为对皇权的严重威胁，也引起了一些正直的满汉大臣的忧虑。康熙七年九月，内秘书院侍读熊赐履上疏说："朝廷积习未除，国计隐忧可虑。"并引用宋儒程颐"天下治乱系宰相"一语，点明鳌拜对国家的危害。康熙为麻痹鳌拜，便假意下旨斥责，并说要给予处分，暗地里却开始布下捉拿鳌拜的罗网。

最后，在康熙紧锣密鼓的布置下，不可一世的鳌拜束手就擒。鳌拜并非天生的恶人，也不一定生来就骄横，只是在依靠个人能力取得骄人的功绩，手里有了权力之后，便目中无人起来。因能而功，因功而骄，因骄而败，没有几个人能够走得出这个历史的怪圈。但是，它所导致的悲惨结局却令领导者不能不警醒。

三做深解

应给自己加一个紧箍

越是功劳大、能力强的领导者，越要注意修身养性，避免按着自己的主观愿望随意所为，要自己给自己头上套上一个紧箍，告诫自己小心谨慎。

为官者尤其需要在下述三个方面提高自己的自控能力：

（1）不要过于自夸。世界之大，无奇不有。社会上的人形形色色，林林总总，其表现也是千奇百怪，各种各样。人们最不喜欢的人中，有相当一部分就是喜欢在别人面前夸耀自己的人。当领导者有一件值得称赞的事情被人发现之后，人们自然予以称颂；但若领导者自我夸耀地叙述出来，只会得到别人的反感和轻视。爱自我夸耀的领导者，不会得到下属的认可。因为他自视清高，鄙视一切，不大理会别人的意见。这种人常自以为最有本领，觉得干什么都没有人比得上他，往往瞧不起别人，结果使自己成为孤立者。常言道："面子是别人给的，脸是自己丢的。"这话足以发人深省。

（2）不要锋芒太露。有些领导者一旦认定自己将被重用，会变得刚愎自用，一味要求下属服从，而不是指教。"锋芒"本意是刀剑的尖端，在此比喻显露出来的才干。一个领导者若无锋芒，那就是无能之辈，所以有锋芒是好事，是事业成功的基础，在适当的场合显露一下既有必要，也是应当。但锋芒可以刺伤别人，也会刺伤自己，运用起来应该小心翼翼，平时应插在剑鞘里。所谓物极必反，过分外露自己的才华容易导致自己的失败。尤其是优秀的领导者，锋芒毕露既不容易达到事业成功的目的，又容易失去晋升机会。

有些领导者眼看生米要煮成熟饭，便锐气旺盛，锋芒毕露，处事则不留余地，咄咄逼人，有十分的才能与聪慧，就十二分地表现出来。有一个单位的处长，听说自己已被内定为局长候选人，便对单位这也看不惯，那也看不顺，未到3天，他就给单位领导上了洋洋万言的意见书，上至单位领导的工作作风与方法，下至单位员工的福利，都一一列举了现存的弊端，提出了改进意见，显露自己的锋芒。但效果却适得其反，他被单位仍掌握实权的领导视为狂妄、骄傲，没有采纳他的意见，而且很快在候选人名单中消失了。

此君作为锋芒毕露者的典型，表面看似正直坦率，实则在为人处世方面少了一些涵养。你提意见是可以的，显露才华是可以的，但要有根据，更要善于掩才，这是成熟稳重的表现。

（3）不要意气用事

既然位居领导，手中就有权。用权凭自己心情行事，这是不可取的，要用得分寸恰当，就要避免意气用事。

有的领导者发现下属的过失、懈怠或者不服从，开始缺乏冷静，特别是在对下属有某种成见时，更是怒气冲天。冲动之下，愤怒的感情闸门若大开，就会说出许多不该说，甚至责骂人的话。这就不是指责和批评了，不管你主观用意多好，效果也是适得其反。盛怒之下发脾气不但降低了领导者的身份，也会使单位气氛低落，于事无补。

总之，给自己头上加一个紧箍，时常念一念紧箍咒，虽然会感觉不爽，但肯定能让自己更安全。

▶▶ 第二章　有德性

▶▶

道德力量是避免仕途出轨的保证

德性对于领导者把事情做好绝非可有可无。翻开中国历史，我们会看到不少奸臣青云直上、忠臣被黜遭难的例子。确实，依靠逢迎拍马、弄权逞奸能够迷惑一些人，也能够在一定时期内得到实惠。但是，一个人缺少了道德的约束，就如脱缰之马，早晚有一天会撞个头破血流。领导者更是如此，只有耐得住寂寞，守住道德底线，并不断提高自己的道德修养，为官的路才能在一个安全的轨道上走得更远。

以能服众不如以德服众

▶▶ 领导警语

（天地高下相因），地的德性极顺、极厚。君子秉承大地低顺、深厚的德性而容载万物。（地势坤，君子以厚德载物。）

——《周易·坤·象》

能力固然是领导者可以依恃的资本，但如果有能无德，能力也会成为害人伤己的利器。而道德的力量却是无比巨大的，它能让人心归附，让事业成功。

晋武帝时，羊祜任都督荆州诸军事，他率部镇守南夏，和吴国相抗。

羊祜喜好打猎，一次他夜间出营，不想军司徐胤站在营门，不让他出门，且义正词严地对他说：

"将军身负重任，却喜欢行猎之事，置个人安危于不顾，这不是仁德之人所能干的。将军若不能听我的劝阻，我就是死了也不能放将军出去。"

羊祜的部将欲要斥责徐胤，不想羊祜急忙拦住他，且对徐胤说：

"你忠于职守，所言不虚，我一定听从你的建议。"

他马上转身回去，以后也不再行猎，还把徐胤提升了官职。

羊祜据守边防，实行怀柔政策，他自己加修德信，对吴国投诚者以礼相待。不仅如此，他每次和吴国交兵，总是限定日期才交战，从不掩杀偷袭，为此有人抗议说：

"自古兵不厌诈，将军仁德也不该用之敌国。如果都是这样讲究仁义，又如何才能出奇制胜呢？"

羊祜告诉他们说：

"皇上志在一统天下，眼下时机不到，交战虽迫不得已，但也应该以德化人，收取民心。我这样做，非为今日一战小成，而是为了他日大功啊。"

有的将领好出奇谋，多次缠着羊祜。羊祜为了不伤害他们，只是将他们灌醉，让他们说不出计谋。

一次，军中有人抓了两个吴国小孩当作俘虏带回，羊祜为此怒斥了军士，还撤掉了为首者的官职，他就此告诫众将说：

"孩子无辜，若抓之领功，天下还有仁义可言吗？这些人可见心术不正，品行不端，绝难付以重任。我削夺他们的官职，正是怕他们以后为祸更烈，也让众将引以为戒，再不能犯此大错。"

吴将陈尚、潘景领兵进犯，羊祜把他们打死，却念其为主死节，对他们的遗体厚礼殡殓，他们的家属前来迎丧，羊祜也以礼待之，如同故友。人们都认为羊祜过于谦敬，而羊祜却行之不辍，时间一长，吴地民众都对他心悦诚服，称他为羊公。

吴国大将陆抗和羊祜对峙期间，双方多有来往，互相尊重。羊祜对陆抗十分欣赏，告诫部下不要轻易和他交战，他说：

"陆抗为人重德，讲礼好信，这样的人必深孚众望，难以战胜。只要他为将一日，我们就不要轻举妄动。"

一次陆抗病了，羊祜派人给他送药，陆抗拿来便服用，他的部下劝他慎重，陆抗只是一笑说：

"羊祜乃难得的君子，他要害我也不会用卑鄙的手段，我是不会防范他的。"

陆抗身为大将，自是知道羊祜的用意，他为此对手下说：

"知人若不知其德，必有大失。羊祜专门修德，赢取民望，这是最厉害的招法啊。我等若不修身养德，只讲残暴，他日征战便会失去民助，难有胜算。"

羊祜卧床不起之时，他把张华视为知己，对他说：

"大人身为中书令，只有你能理解我的心愿啊。孙皓残暴无德，伐吴当要趁早实行，倘若孙皓死了，吴有明主，良机便一下失去。你忠直德高，必会让皇上早伐吴国，是以相托。"

后来羊祜去世，张华果然不负羊祜期望，在满朝文武的反对下，力劝晋武帝坚定信心，终于完成了统一天下的大业。

三做深解

以德为政

孔子主张。为政以德，(《为政》)，即主张"德治"，他赞美德治像北极星那样，众星都围绕它运转。以此来说明德治易于得到民众拥护，从而收到好的治国效果，孔子认为德治是最理想的社会政治。

德者，"得也，得事宜也"(《释名·释言语》)；"外得于人，内得于己也"(《说文》)。用德做施政的指导思想，即是注重教化，主张用领导者的模范的德行为政治规范，以之教化下属和人民。所谓"君子之德风，小人之德草，草上之风，必偃"(《颜渊》)，意思是说领导人的作风好比风，老百姓的作风好比草。风向哪边吹，草向哪边倒。这是孔子对德治作用最通俗形象的比喻。

孔子认为，要教民懂得道理，对己对人都要举止得当，维护奴隶主统治的固有秩序。因此，最好的办法就是"道之以德，齐之以礼"(《为政》)。惩罚可以使人畏惧而不敢犯罪，但并不能消除人的犯罪观念。孔子比一般只知用严密法网维持政权的统治者更有远见，懂得要使民驯服，单靠用刑杀禁止是不行的，懂得要使民驯服，还必须使民安土重迁，并且养成一种卑怯心理，以为自己能生存全赖于君子的恩赐，即所谓"怀土"、"怀惠"(《里仁》)，使其自觉消除犯罪观念。也就是说，德治高出刑罚一筹。但孔子也深知单靠教化来服民是靠不住的，那会使小人们误以为君子软弱而变得不听话、不驯服。因此，必须使民看到不"得"必"失"，感到胡萝卜后面还有大棒的威胁，即使贵族统治者缺"德"，也不敢因饥寒而起"盗心"。所以孔子主张为政要采用所谓"宽猛相济"的两手政策。孔子的德治思想，着眼于收买人心。这是对当时贵族统治的成功经验的总结，后来发展成为儒家的政治领导艺术。

孔子主张"德治"和"礼治"相结合。"道之以德，齐之以礼，有耻且格"(《为政》)。这样，就能实现"人治"。孔子总结殷周奴隶主贵族成功的统治经验，并将其作为最佳施政方案奉献给执政者。他向往的理想政治，成为中国封建社会的正统的领导思想，长达两千多年。

孔子以德为政的思想，在今天的领导实践中仍然具有积极的借鉴意义。

为官有德重在敢说真话

▶▶ 领导警语

诚实，是正人君子遵守的准则，也是处理政事的根本。(诚者，君子之所守也，而政事之本也。）

——《荀子·不苟》

完全说真话对于普通人也是很难做到的，但对领导者，说真话、办实事又是必不可少的道德要求。对领导者自身而言，说真话要承担很大的风险，特别在人治汹汹的封建时代，一句真话就有可能断送自己的政治前程甚至生命，唯其如此，能做到说真话也就显得殊为可贵。

唐太宗即位后，励精图治，任用贤才，虚心纳谏。为减少自己的过错，一次，他对公卿们说："人欲自见其形，必藉明镜；君主欲自知其过，必藉忠臣。如果帝王刚愎自用，其臣阿谀顺旨，君就会失其国，到时候大臣也没有好下场。"他认为，只有大臣们"直言耿议"，才能致天下太平，因此要求大臣"必须极言规谏"。为人正直的王硅从唐太宗身上看到了一个英明君主的形象，看到了士大夫所刻意追求的国治邦安的希望。作为一个正人君子，身处谏职，王硅感到只有履行职责，才能不辜负明君的嘱托。

一次，唐太宗再次表示求谏的态度，他说："如果清正之君统御的是邪恶之臣，天下是治理不好的；如果正直之臣侍奉的是邪恶之君，天下同样也不能致治。唯有君臣同德，才能国泰民安。朕虽不明，幸有诸公多多劝谏佐助，或许能把天下治理好。"王硅立即代表大臣们表示说："古时候，天子身边设有诤臣七人，如果劝谏得不到采纳，就相继以死殉职。今天，陛下大开圣德，征集采纳臣等的谏言，微臣虽见识短浅，也愿竭尽全力，或许能对陛下有所佐助。"唐太宗对王硅的话很满意，便下诏令谏官可以随同中书、门下省主官以及三品以上其他官员一同入阁，以随时了解政务，发表不同意见。王珪果然不负皇帝的信任，以忠诚负责之心，时常贡献有利于善治天下的良言。唐太宗也对他更加重用，赐爵永宁县男，迁任黄门侍郎（门下省副长官），兼太子右庶子。贞观二年（628），王珪很快就晋升为侍中（门下省长官），跻身于宰相行列。

　　这年十二月的一天，在宫中闲居无事的唐太宗派人请来王珪一起聊天。谈及往事时，谈起了庐江王李瑗之事。李瑗本是唐高祖的叔伯兄弟，任幽州大都督，李建成欲除李世民，曾秘密勾结李瑗为外援。建成败，李瑗便起兵反，但不几天即被部下所杀。说到这里，李世民抬手指着侍立身边的一个美女对王珪说："这个美女就是庐江王的爱妾，是李瑗杀了她的丈夫而把她夺过来的。"王珪一听这话，立即站了起来，十分严肃地问道："在陛下看来，李瑗霸占她是对的？还是不对呢？"唐太宗说："这还用问，杀人而娶其妻，是非不是明摆着吗！"王珪正色道："知道不对，就应该防止这种事再发生。"他接着给唐太宗讲了一个故事：春秋时期，有一次齐桓公外出，路过一片废墟，就停下来问当地父老："这不是郭国的都城吗？郭国是因为什么原因灭亡的？"父老们说："因为郭国的国君喜欢好的而厌恶坏的。"齐桓公感到奇怪地问："照你们所言，郭君乃是一个贤君，何至于亡呢？"父老们解释说："他喜欢好的，但却不采纳；厌恶坏的，却又不能坚决摈弃，所以亡国了。"最后，王珪的话锋一转，说："如今李瑗的爱妾尚被陛下留在左右，臣还以为陛下从心里肯定李瑗杀夫夺妻的行为是正确的呢！陛下现认定这种行为不对，那么就可称得上是明知不对而为之了。"李世民听完大惊，忙说："是朕一时糊涂，没想到后果这样严重。若非君言，朕就要步郭君的后尘了。"于是，太宗将美女送出宫，交给其亲属，由她另嫁。

岁月如流，转眼，王珪在唐王朝为相已近 10 年。10 年中，他一直履行忠言直谏的诺言。唐太宗虽是有为明君，但免不了时常耍人主的威风，希望听臣下说些好听的话，而被人揭短时面子上过不去，心里不痛快。在这种情况下，大臣们议论其过失，是需要胆气的。

有一次，王珪就因一件小事与唐太宗发生冲突，双方的火气都很大。事情的起因是：唐太宗令太常少卿祖孝孙教授宫人音乐。很长时间过去了，宫内歌伎们的演奏和歌唱水平仍无多少进益。李世民很不满意，几次当着观赏歌舞的众大臣指责祖孝孙。王珪与另一宰相文彦博站出来进谏道："陛下平时并不怎么关心音乐，如今却为了教宫人音乐这样的小事而责怪祖孝孙，臣等担心天下百姓对此会感到惊怪！"李世民不高兴了："如此说来，祖孝孙不尽心尽职，朕也批评不得啦！"王、文二人接着说："祖孝孙本是一个高雅的学者，其责任是修订与创作雅乐，而陛下却让他去教宫人歌唱，这是用人不当，大材小用。现在又责怪他，让人以为陛下以士为轻。"李世民顿时大怒起来说："朕把你们放在心腹的位置上，你们应当竭力尽忠事我，为什么反而附下罔上，愿当祖孝孙的说客呢？"文彦博见龙颜大怒，一脸惊惧地跪下谢罪。王珪却直立不拜，并慷慨激昂地说："陛下不以为臣水平低，声望轻，就简单地将臣贬斥一边，而把臣放到重要岗位上锤炼，责成我们忠直奉上。今天臣之所言岂是包庇祖孝孙？没想到陛下竟然怀疑臣阿私，加以指责。这不是臣负陛下，而是陛下负臣！"唐太宗怒气不消，脸色十分难看，他挥手下令乐队、舞女退下，自己抽身而走。君臣的音乐歌舞欣赏活动就这样不欢而散。

第二天，想明白了的唐太宗召房玄龄进宫说："古时西周的武王不用伯夷、叔齐两大贤才，周宣王则杀掉了无罪的诤臣杜伯。看来，自古帝王能纳谏真是一件难事啊。朕昨日一夜都在想自己与古人有哪些差距，深感对王硅的责备是不对的。朕甚后悔。请先生转告大家，不要因昨日之事今后就不进谏了。"

遇到唐太宗这样一个愿听真话的明君，实在是王石圭这样敢讲真话者的运气和福气，即使这样，能忤上意、触君怒，坚持原则讲真话，仍然体现了一位政治家超人一筹的道德修养。

三做深解

少露官态少说官话

历史上改朝换代，江山易主，多由"官气"生腐败，最终葬送天下。历史上许多农民革命始其浩荡，终其衰败，盖因"官气"生骄奢，而脱离人民群众。史载，太平天国定都南京以后，东王杨秀清的仪仗队多至千余人，每次出门，为了抖威风，前头还有龙灯开路。这种腐朽官气的盛行，也是最终导致太平天国失败的重要原因之一。

"官话"是某些领导者为摆身架而发出的高腔高调或是故意装腔作势，为了掩盖自己的真面目所苦心钻研的那种晦涩、圆滑之辞。

旧社会的官僚，为了适应官场的需要，都有几副面孔，对上、对下，人前、人后，都不是一个样子，随机应变，奥妙无穷。遗憾的是，在现代的领导者当中，有极少数人，满嘴的空话、套话还有愚弄人的假话。有些话，听起来委婉却叫你摸不着头脑；有些话，说起来慷慨激昂，做起来却又是一个样；有些人在讲台上、在上级领导面前信誓旦旦，一转身就不算数；有的人云亦云，说的是放之四海而皆准的"普通话"，不是解决实际问题的"地方话"；有的含糊其词，态度暧昧模棱两可，叫你摸不着头脑。

明代李禾曾针对当时的时弊说了这样一句话："才做些小官，（便）浑身是官态"。他认为，凡"视人民疾苦恬不相干"的人，大都有这种毛病。从奴隶社会到封建社会，统治阶级为了维护自己的统治地位，无不强调别贵贱，明尊卑，讲等级。所以一旦为官，就开始学迈四方步走路了，以显示其身份的高贵。

现代社会为"官"，要防"官态"，那种"官资不老，官态不少，官职不高，架子不小"，高高在上忘忧民，互相推诿踢皮球的领导者是为群众所深恶痛绝的。因为官态犹如洒在人际关系有机体中的沙粒，除了制造摩擦，使机体受伤溃烂外，别无任何好处。

重义尽节是领导者的至高道德境界

▶▶ **领导警语**

侍奉君主，竭尽忠心，这是臣子最重要的节操；只要是对国家有利，不论是死还是生都不能迫使臣子改变这一点……臣子享有高官厚禄，世代蒙受国家的恩德，一旦国难当头，却只为自己考虑，不惜卖国求荣，那还有什么脸活在这个世上，而且最终还要受到鬼神的惩罚。（事君尽忠，人臣大节；苟利社稷，死生不夺……高爵重禄，世受国恩，一朝难作，卖国图身，何面目以对天地，终受罚于鬼神。)

——《劝忍百箴·忠之忍第十八》

和平年代，领导者的道德要求限于勤俭奉公、清廉自守、秉公办事等等，而在国家、民族危亡的特殊时期，领导者的道德要求就更倾向于尚气节、重忠义。

李庭芝，字祥甫，宋随州人。嘉熙（1237～1240）末年，元军攻宋，江防甚急，李庭芝投奔荆州军帅孟琪，恳请抗蒙，报效朝廷。被任为建始知县，他在任训农治兵，选壮士编入官军加以训练，民皆知战守，无事则耕，有事则战。淳（1241～1253）初，举进士，知濠州；后又权知扬州，主管两淮制置司事。当时扬州新遭火灾，庐舍尽毁，盐户多逃亡他乡。李庭芝便贷钱与民，使修房屋；并免除所逋欠，使逃亡者纷纷返归家园。他又招募民众，训练成军，扬州军民赖之以安。德祐元年（1275）春，元军攻破芜湖，宋朝沿江诸郡或降或遁，无一人能守者。唯独李庭芝率所部郡县坚守扬州，并被任为参知政事、知枢密院事。

元朝丞相伯颜率军攻宋都临安（今浙江杭州），又分遣元帅阿术攻扬州，李庭芝竭力抵御。阿术见久攻不下，便筑长围困乏扬州。城中粮尽，死者满道，李庭芝仍率军民坚守不屈。次年，宋朝被元朝灭亡，投元的谢太后降诏，谕其投降，李庭芝登城，愤怒地说："奉诏守城，未闻有诏谕降也。"依然守城如故，对皇太后的诏令置之不理。不久，太后又遣使传诏曰："比诏卿纳款，日久未报，岂未悉吾意，尚欲固围邪？今吾与嗣君既已臣服，卿尚为谁守之？"庭芝听完诏后，义愤填膺，遂命士兵发弩箭射使者。三月，淮西降元。元统帅阿术两次派人说降，李庭芝焚其劝降书，斩杀使者，坚定地说："吾唯一死而已。"并组织兵士苦战。七月，李庭芝与姜才率兵七千突围东入海，欲归宋益王赵昰，至泰州（今属江苏）。阿术将兵追围之。就在这时，留守扬州的淮东制置副使朱焕投降，扬州失陷。元人令朱焕驱赶李庭芝将士的妻子儿女们至泰州城下，瓦解军心。部将孙贵、胡惟孝等打开城门投降。李庭芝闻变，遂赴莲池自尽，但因水浅不得死，结果被元军俘获，押送至扬州后遇害。

李庭芝以自己的生命实践着尽忠报国的道德要求。具有这样的义举和气节的人，即使能力上有不足之处，人们还能说什么呢。

三做深解

以危而观节

所谓以危观节，即从其处理危难的情况来观察他的节操。节操，即气节情操，就是一个人在关键时刻和重大原则问题上表现出来的政治立场和道德方面的坚定性。我们中华民族历来就有"宁为玉碎，不为瓦全"，"粉身碎骨全不怕，要留清白在人间"的传统美德。两千多年之前，中国古代思想家孟轲就说过：富贵不能淫，贫贱不能移，威武不能屈。这句至理名言，已成为千百年来无数仁人志士立身做人的执着追求。

每个国家都有自己的国格，每个人也都有自己的人格。国格是一个国家的荣誉、尊严和品格的总和；人格则是做人的资格和为人的品格的总和。国格和人格是紧密联系在一起的。在对外交往中，能不能做到不卑不亢，尊重国格人格，也是衡量一个人有无中国人气节的重要尺度。

古人讲得好："将受命之日则忘其家，临军约束则忘其亲，抱鼓之急则忘其身。"无数仁人志士，为了民族的利益，为了国家的利益，为了人民的利益，在国家处于危难之时，总是挺身而出，迎着困难上，经受住各种苦难的磨炼，顶狂风战恶浪，舍生取义去奋斗，去拼搏，生为人民而战，死为人民而献身，这就是中华儿女的民族气节，这就是中国人的情操。

中国人民的气节和情操，表现在根本政治立场和政治原则方面，就是政治上的坚定性——无论在任何艰难困苦的条件下，始终坚持不动摇自己的理想和信念。表现在人生道德情操方面，就是思想情感的正义性——勇于坚持真理，凛然伸张正义，绝不献媚取宠，始终正大光明，保持高风亮节，尤其对于领导者，因为其责任、地位不同于一般人，在危难关头他所具备的节义也就更加具有非同一般的意义。

既要善治事又要善治家

▶▶ 领导警语

做父亲的像父亲、当儿子的像儿子，做哥哥的像哥哥、当弟弟的像弟弟，做丈夫的像丈夫，当妻子的像妻子，那么家庭的治理就走上了正轨。所有家庭都得到治理后，天下也就安定了。（父父、子子，兄兄、弟弟、夫夫、妇妇，而家道正。正家而天下定矣。）

——《周易》

领导者的立德不仅体现在公事上，有时于家事尤其在对待教育子女的态度上更显示出领导者的道德修养。

唐后期宰相刘晏是一位著名的理财家。他于代宗、德宗时为相，并领度支、盐铁、转运、租庸使，理财前后达20余年。他通晓各种货物的取利之道，自己常说"如见钱流地上"。他曾以自己的理财天才，为唐后期经济的恢复和振兴立下卓著功勋，然而对自己的家却从不用心经营。史称他"理家以俭约称"，几十年来他与家人始终过着非常朴素的生活。他的住宅坐落在长安城内东南部的修行里，"粗朴座陋，饮食俭狭，室无媵婢"。他不雇一个仆人，家务事要家里人自己动手操作。他曾坦然地向人传授自己的理家之道："居取便安，不慕华屋；食取饱适，不务兼品；马取稳健，不择毛色。"也就是说，他对居住只求方便舒适，不羡慕华丽的房屋；对饮食只求饱腹合口，不追求多种品味；对骑的马只要稳健即可，不计较其毛色的美丑。

据说他五更上朝，天寒地冻，他不愿惊动家人，每每"中路见卖蒸胡（烧饼）之处，热气腾辉，使人买之，以袍袖包裙帽底啖之"。同行的官员笑他，他却说"美不可言，美不可盲。"早餐经常如此简单地应付过去，生活上随便得很。刘晏尽管自己的生活十分节俭，但"重交敦旧"，对人十分厚道。他经常以自己的俸禄周济穷亲友以至同他并不很熟的穷读书人，并"颇以财货遗天下名士"，当时"故人多称之"。

刘晏要求儿女们生活自立，自己分内的事自己应亲手去料理，并且言传身教，指点他们攻读经书，博览群籍，不要为财利所诱惑。刘晏因政敌杨炎所谮被德宗赐死后，杨炎等竭力主张籍没他的家产，因为在刘晏等政敌眼中，他做了几十年的大官，又管的是钱财，不贪赃受贿是不可能的事，虽表面装得寒碜，家里肯定有财宝无数。结果大失所望，抄出的刘晏的全部家产，只是"杂书两乘，米麦数斛。人服其廉"。刘晏的后代在其父的冤案昭雪后，也都凭自己的才干在朝中为官：长子执经为太常博士，次子宗经为秘书郎。

在刘晏以前的几位大理财家中，管仲有三归之富；商鞅有於、商之封；桑弘羊亦家中甚富。在他们为相显贵后，即踵之以奢，不注意自我约束。而唯独刘晏，理财半生，为相两朝，却能以勤俭持家，朴素自饬，激励后代，真是不同凡响。

由此可以看出，我们这里所说的善治家，也就是把为官从政的较高的道德标准一以贯之地施之于家。后院不失火，领导者才不会把费尽心血修起的官德败在家里、败在妻子儿女身上。

三做深解

治国难，治家也不易

古人讲"修身、齐家、治国平天下"。把治家与治国放在同等重要的位置上。治国，是领导者的神圣使命；治家，也是领导者义不容辞的责任。对于为官从政的人来说，国政与家政是相辅相成，密切相关的。

在新的历史时期，领导工作面临许多空前复杂棘手的新情况，新问题。治国难，治家也难。每一个领导者都应在从严治家的问题上，显示出自己的英雄本色，显示出自己作为一个合格领导者的魄力和素质。

一些领导者在教育别人上是成功的，但在管理教育家属子女上却是失败的；有的是廉洁丈夫、贪污妻子；有的是革命老子、犯罪的儿子。治家不力，导致"灯下黑"，这也是领导工作的失误、失职。一个合格的领导者，他的素质和政绩，既表现在治国上，也应该表现在治家上。

治家要讲究"管"与"放"的策略。古人讲"堂前训子，屋后教妻"，就道出了"管"的奥妙。现代社会的"管"与古人的"管"也不相同了，要根据每个人的特点，讲究"管"的策略。青少年自尊心强，接受能力也强，管要心平气和，入情入理，简单的"训"，粗暴的"打"，不一定能获得好效果；成年人比较固执，好胜心强，更要注意"管"的场合，要启发疏导，循循善诱，决不可轻描淡写，一劳永逸。我们有些领导者，自己知识渊博，生活俭朴，品德高尚，而子女却学业荒废，行为放荡，道德沦丧。

我们讲的"放"并不是弃之不管，而是做到"管"中有"放"，"放"中有"管"。作为领导者，对家庭既要精于"管"，也要善于"放"。

现代领导者，许多治国的方针政策，应首先运用到治家上，首先要在家庭中落实。决不使自己的家庭成为不正之风的策源地，成为藏垢纳污的腐败角落。

▶▶ 第三章 会说话：能说善辩是扭转乾坤的大本事

领导者不仅要做事，还要做实事，要面对具体的人和问题，在此过程中，说话的本事是万万不能少的。孔老夫子曾说："巧言令色鲜仁矣"，所以，能言善辩似乎总与虚浮无信、奸诈无德联系在一起。这实在是人们认识上的一大误区，自古以舌成事、以言建功的例子俯拾皆是。事实证明，领导者长于说辩，就等于拥有了一件克敌制胜的利器。

以上级能够接受的方式提意见

▶▶ 领导警语

必须清楚什么是不该由自己去说的话，什么是不用自己亲自去做的事，然后才懂得治国之道的要领。（必知不言之言，无为之事，然后知道之纪。）

——《管子·心术上》

领导者向君主提出自己的建议或意见是一种职责，但是君主的尊严是神圣不可侵犯的，即使你的意见正确，即使你是出于为国为君的好意，一旦忤逆了君主，一样会霉运临头。所以，聪明的领导者善于以君主容易接受的方式提出谏言。

戏谑是一种说服的方式，这种方式如能运用得当，可以更形象、深刻地说明问题，而又比较容易地被对方理解和接受。当用以驳斥对方时，则可以使语锋更加犀利和有分量。所以戏谑的说服手段非智者不能用。

历史上这样的智者并不少见。

三国的蜀汉刘备在位期间，因天旱无雨，庄稼歉收，故禁止私人酿酒。有一官吏从一户人家中搜出了一些酿酒的器具，便想对其定罪处罚。简雍和刘备一起出游，看见道路上有很多男女正在行走，他便对刘备说道："这些男女都想淫乱，为何不把他们逮捕起来？"刘备问道："你是怎样知道的？"简雍回答说："他们都有淫乱的器具。"刘备大笑不止。回去后便下令赦免了被搜出酿酒器具的那户人家。

把不十分明显的荒谬作同理推定并扩而大之，使其荒谬之处自动凸显出来，原来的立论不攻自破了。

戏谑是一种语言风格，而在语言形式上，尤其先秦之时的人更善于用类比、比喻的说服方法。

齐国靖郭君田婴准备在薛这个地方筑城，他的门客有许多人都劝他不要这样。田婴对主管通报的官员说："不要替客人通报。"有一个想见田婴的齐国人对主管通报的官员说："我只要求说三个字罢了。超过三个字，就请把我煮死。"靖郭君因此而接见了他。这位客人快步走进来说了句："海大龟。"然后回头就跑。靖郭君说："希望你能为我详细说说。"

这位客人回答说:"您听说过大鱼吗?网捕不住它,生丝绳也拖不住它,但它任性乱游而离开了水,蝼蚁就可以在它身上为所欲为了。现在齐国就是您的大海。如果您能长久掌握齐国的政权,还要薛干什么?如果您失去齐国,即使把薛城筑得像天那样高,也没有什么好处。"靖郭君说:"说得好。"于是就停止修筑薛城。

春秋战国时期是论辩家的天地,涌现出一大批能言善辩的说客,留下了大量的有关文字。从这些有关文字中我们不难看出,此时的论辩说辞许多是智慧的结晶,不但言之有物,而且言语生动活泼,到处闪烁着哲学的光芒。这个说客用一条入伍的比哺,生动恰当地点明了田婴在齐国政治中的地位,也委婉地表达了树大招风的意思,使田婴放弃了原来的打算。整个说辞简明扼要,没有一句废话。而这种说理、规劝的方式和技巧很是值得今天的人们学习和借鉴。

三做深解

纠正错误时要给上司台阶下

人都爱面子,尤其是在众人面前的时候。而上司更是如此。因为他要很好地驾驭自己的下属,就要很好地在下属面前树立自己的形象,维护自己的权威。如果上司犯了错,纠正是必须的,但纠正的时候更要注意给上司台阶下。只有这样,他才会欣然接受你的意见。

作为下属,应该如何对待上司的错误指令呢?下面的方法或许可以让你借鉴一二:

(1)暗示法

接到不恰当的指令时，你觉得不能执行或无法执行，可先给上司以某种暗示，让其悟到自己的指令不甚恰当。有些指令不恰当，不是因为上司素质差、水平低，而是没考虑周全，或是只看到了事物的表象，没看到事物的本质。你稍加暗示，他可能就会马上意识到。

（2）提醒法

有些不恰当的指令，可能是上司不熟悉、不了解某一方面的情况，有的可能是上司一时遗忘了。你明白地提醒他，他认识到了，一般都会收回或修正指令。当然，提醒不是埋怨，也不是直通通、硬邦邦的批评。提醒要讲究策略，语气上尽可能委婉些。

（3）推辞法

对上司不恰当的指令，有的可以考虑推辞。推辞要有理由，有的可从职责范围提出，譬如说："总觉得这件事不是我的职责，要不，同事关系就不大好处理了。"有的可从个人的特殊情况提出。但不管从哪一方面，理由一定要真实和充分。你推辞了，有的上司还可能会这样问："那你觉得这件事应该由谁来做？"你不能随便点名，也不要随口说"除了我，其他谁都可以"之类的话，比较巧妙的回答是："这事谁来做，我了解得不全面，还是您来定夺好。"推辞不是耍滑头，而是委婉的拒绝。

（4）拖延法

有些不恰当的指令，是上司心血来潮时突然想出来的，并要你去执行。倘你唯命是从，马上付诸行动，那就铸成了事实上的过错。对这种上司心血来潮而向你发出的指令，如果你暗示或提醒都不能点醒他，推辞也没多少理由时，那么，最好的对策就是拖延。虽然默认或口头上答应，实际上迟迟不动。若闲着不动，上司会产生疑心的，因此，你必须忙别的事，作为拖延的理由，应付上司的追问。拖延法是消极的，但对有些非原则性问题的不恰当指令，只能如此。你拖延了一段时间后，上司的头脑冷静了，或许有了新的认识，就可能收回指令，或让其不了了之。

另外，对那些明显违反法纪法规、政策条例的指令，毫无疑问，下属应当坚决拒绝和抵制，并明确地向上司陈述理由。

有些下属，明明知道上司的指令是不正确的，是有原则性错误的，但认为反正是上司要我做的，天塌下来由上司顶着，就不假思索地去执行了。这是头脑简单的表现。殊不知，一旦追究起来，具体执行者也有不可推卸的责任，甚至要追究直接责任。因而，这就要求你要保持清醒的头脑，要有自己的主见，不能盲从。拒绝上司的指令需要勇气，甚至要承受一定压力，但涉及原则问题，只能拒绝、别无他法。通过上面的方法，你一定能够更好地为上司服务，从容应对他的错误。

以利害关系说服对方

▶▶ **领导警语**

攻取人心，就要用理来说服，用感情来打动，用义来引导，用威来慑服。（攻心者，晓之以理，动之以情，示之以义，服之以威。）

——《反经》

　　领导者说服的技巧并不是口若悬河、滔滔不绝，而是能够透视当事各方的利害关系，予以鞭辟入里的解说。所以从根本上说，说服是以利害服人而不是以言辞服人。

　　战国时秦国派兵包围了赵都邯郸，诸侯们都不敢首先出面相救。魏王派客将军辛垣衍秘密地进入邯郸，打算与赵共同尊秦王为帝。这时鲁仲连正好来到赵国，当他听说此事后便求见平原君赵胜。赵胜又把他引见给了辛垣衍。

　　鲁仲连见到辛垣衍后并不说话，辛垣衍便首先问道："我看到现在居住于这座围城之中的人都有求于平原君。以先生的容貌来看，并不是来求助于平原君的，但不知你为何久居此围城之中而不离去呢？"鲁仲连说："秦国抛弃礼义，是一个急功近利之国。秦王任意驱使士人，奴役百姓，又肆无忌惮地急欲称帝，我就是跳入东海而死，也不愿做秦国之民。我今天之所以求见将军，是想和你一起帮助赵国的。"

　　辛垣衍说："怎样才能帮助赵国呢？"鲁仲连说："我将说服梁与燕国相助，而齐、楚两国本已决定帮助赵国。"辛垣衍说："燕国能否出兵相助，我不知道。说到梁国，我就是梁国人，难道你真能使梁国出兵救赵吗？"鲁仲连答道："梁如不肯出兵相助，那是因为他还没有看到秦国称帝后的危害而已。如果使他看到秦国称帝后的危害，他必会出兵相助的。"辛垣衍又说："秦国称帝后究竟有何危害？"鲁仲连回答说："以前齐威王曾十分仁义，率领天下诸侯朝见周室。而周室这时既贫又弱，故诸侯们都拒绝前往。齐国却独自朝拜。一年以后，周烈王死，诸侯们都前来吊唁，齐却最后才来。周室很生气，向齐报丧说：'天子去世，刚执行丧礼，东面藩臣田婴齐却迟迟不来，应该杀头！'威王勃然怒骂道：

'岂有此理，你母是奴婢吗？'终为天下嗤笑。这是因为烈王活着时就去朝拜周，烈王死后却叱责周人，这是不忍心周人有求于他而已。岂不知他是天子，固当如此，这是无足为怪的。"

辛垣衍说："先生难道没有看见过奴仆吗？十个奴仆往往只追随一个主人，这并不是奴仆的力量不足，而是因为他们的智慧低下，害怕主人的缘故。"

鲁仲连说："梁与秦相比，梁就是仆人吗？"辛垣衍说："对。"鲁仲连说："我能让秦王烹死梁王！"辛垣衍听后很不高兴地说："嘻！先生此话说得太过分了吧！你怎样能让秦王烹死梁王呢？"

鲁仲连答道："既然如此，你且听我给你讲说。从前，鬼侯、鄂侯和文王是纣王的三位大臣。鬼侯有个女儿貌美，他把女儿献给纣王，但纣王却很讨厌她，因此便烹死了鬼侯。鄂侯闻讯，当即在纣王面前激烈争辩，纣王又杀了鄂侯，并把他的尸体制成了肉干。文王闻讯，感叹不已，也被纣王囚于牢中，准备在百天以后将其处死。为何要与人同时称帝称王呢，最终都会像鬼侯、鄂侯那样，不是被烹死，就将被制成肉干。齐闵王将去鲁国，夷维子手执书策，跟随于后。来到鲁国以后，夷维子向鲁人问道：'你们准备怎样接待我们的国君呢？'鲁人回答说：'我们将用十个太牢之礼迎接你们的国君。'夷维子又说：'我们的国君是天子，天子出巡，诸侯们应退避三舍，贡纳莞键，手提衽袍几案，在堂下伺候膳食。天子吃完饭后，退下稍憩，然后听朝。'鲁人听后生气地锁了城门，拒不接纳。齐闵王无奈，便又去了薛地。途经邹国，当时邹国国君丧亲，闵王打算前往吊唁，夷维子对新任邹君说：'天子前来吊唁，主人必须陪于殡柩之旁，并在南面设天子之位，然后天子才能南向吊唁。'邹国群臣说道：'要是这样的话，我们宁愿自刎而死！'因此，闵王也就不敢进入邹国。邹国是鲁国之臣，齐人在邹君活着之时未能事奉赡养，死后又没有行饭含之礼，但却要在邹鲁大臣面前行天子之礼，当然不会受到他们的接纳。如今秦是万乘大国，梁也是万乘大国，相互交往而有称王之名。看到他一战而胜，就立即表示顺从，尊为帝王。但三晋的大臣，却并不像邹鲁的仆妾。况且使秦无缘无故地称帝，势必就会变换诸侯的大臣，秦国也会除去他们认为的不贤之人，而把他们认为的贤者派往各国，去掉他们的憎恨主人，予以他们所爱之人。接着，他还会把他们的子女逸妾，变成诸侯的妃姬，使其住在梁的后宫。梁王难道还能安然处之吗？将军还能像以前那样得到宠信吗？"

听到这里，辛垣衍当即站了起来，急忙向仲连拜谢说："我今天才真正知道了先生不愧是天下的辩说之士，我现在就请求回到魏国去，再也不敢言说秦王称帝之事了。"秦军将领听到辛垣衍回国的消息后，也将军队向后撤退了五十里。

北宋时苏轼曾评价说：鲁仲连的能言善辩超过了张仪、苏秦，气势凌驾于淳于髡、邹衍之上。排难解纷，功成以后，逃避奖赏，可谓战国第一人。穆文熙说：仲连挫败了使秦称帝之说，而秦军将领为此撤退军队，这就是淮南子所谓的庙战之义。

三做深解

说话是一种上天入地的大本事

说话的好坏关系到领导者办事的成败。在你处于不利局面的时候更是成也说话，败也说话。《三国演义》中的诸葛亮舌战群儒，威名天下，真乃"三寸不烂之舌，强于百万之师"也。当时他们所面临的情况十分艰难——对手个个不好对付，硬是靠会说话的本事得到一个一般人眼中不可能得到的结果。在国外，言语的重要性也早已被人们所广泛认识。在古希腊、古罗马时代，演说雄辩之风就非常盛行。美国人将"舌头"、原子弹和金钱并称为生存和竞争的三大战略武器，可见言语的作用非同小可。既然说话于治国安邦都尚且如此重要，那对人际交往的重要性就更不容小觑了。

说话对人的重要性主要体现在以下几个方面：首先，语言作为信息的第一载体，其力量是无穷的。在社交场合，语言是最简便、快捷、廉价的传递信息手段。一个说话得体、有礼貌的人总是受欢迎的。相反，一个说话张狂无礼者总是受人鄙视的。其次，随着现代信息社会的发展，对说话的要求也越来越高。快速发展的社会尤其讲究速度和效率，于是要求人们彼此应充分节约时间，简明扼要，能一分钟讲完的话，就不应在两分钟内完成。同时高效率的要求也迫使说话者要说得有条理，这也是社交活动所必需的。第三，信息社会的要求，说话者还应学会"人机对话"，以适应高科技带来的各行各业的高自动化的要求。在日本和美国，已有口语自动识别机，用来预订火车票等。文字的机器翻译若干年后将发展成为口语的机器翻译，语言打字机的使用，将使人类的双手获得第二次解放。这些人工智能的发展，迫切要求人们不仅能说标准的普通话，更要求人们应讲究如何说话。说白话不说半文不白的话，说明白的话不说似通非通的话，说准确的话不说含糊不清的话。

不重视说话的"井底之蛙"已难以适应时代的需要，这迫使人们突出重围，走出家园，去广交朋友，去认真说话，通过说话去创造效益、架设桥梁、增进友谊、创造理想的明天。讲究说话可谓是人人所需也是人人必须，领导者如把说话当小事，就必将在工作中处处被动。

会说话的人能办成大事

▶▶ 领导警语

嘴巴是心的门户，心又是一个人精神的主宰。一个人心中的意志、喜欲、思虑、智谋等等，都是需要凭借于"口"来表达。因此，我们必须用"开启"与"闭藏"、用"出"与"入"来控制和调整自己的言谈举止。[口者，心之门户也；心者，神之主也。志意、喜欲、思虑、智谋，此皆由门户出入。故关之（以）捭阖，制之以出入。]

——《鬼谷子》

不能否认，很多事情是做出来的，但更不可否认的是，也有不少事情是靠说来解决的。领导者面对复杂多变的生存环境，只会做事、不会说话是行不通的。

领导者会说话首先体现在要把话说到点上，关键时刻一句话不嫌少，只要有分量就有说服力。

唐朝武则天时武承嗣和武三思为了出任皇太子，曾多方求人相助。狄仁杰曾从容地对武则天说："姑侄和母子这两种关系到底哪种更亲一些？陛下如果将儿子立为太子，那么在千秋万岁以后仍可配食太庙。如果册立侄子，从未听说侄子成为天子以后，仍将姑母的牌位立于家庙之中的。"武则天这才恍然大悟。唐中宗能够返朝执政，其实姑侄和母子之说是起了决定作用的。大凡迷恋生前的人，没有不谋划身后之事的。当时王方庆正居相位，他把其子安排为眉州司士参军。有次武则天向他问道："你身居相位，为何要把儿子安排得那么远呢？"方庆回答说："庐陵王李显是陛下的爱子，如今尚在外地，为臣的儿子哪敢处于近地？"这也可谓善于讽谏。

慈祥之主可动之以情，英明之主可晓之以理。武则天虽然英明但却并不慈祥，因此当狄仁杰侮辱她的宠臣张昌宗时，她并不发怒。推荐张柬之后，她用而不疑。这都是因为她很英明的缘故。因而狄仁杰一句至理之论自然能打动她。

领导者要会说话还体现在对方式方法的讲究上，这里有两件事不能不提。

一是宋朝时宰相李纲打算重用张所，但因其早先曾弹劾过宰相黄潜善等人，李纲又感到十分为难。有一天，当他和潜善闲谈之时，顺便向黄说道："如今正当危难之际，我们都肩负着天下的重大责任。但四方的士大夫们在多次号召以后，却没有前来应命之人。前不久在商议设置河北宣抚司时，只有张所一人可用，但却因他口出狂言而获罪。像他所得被贬之罪，谁都认为他是罪有应得。但鉴于如今形势紧迫，不能不临时任用。但要任以谏官之职，使其身居要职，当然不宜。使其暂时任以招抚使之职，让他冒死立功，以赎其罪，也无大碍。"黄潜善听后，欣然同意。

第二件事是三国时郭淮的巧于应对。

公元 220 年，曹丕受禅登基，建立魏国，天下各地都派人前来相贺，征羌将军郭淮受左将军张派遣，亦预定为贺客之列。但是，走到半路，郭淮病倒了，所以没能赶上曹丕的登基大庆。

来到京城以后，在一次君臣宴会上，曹丕表情严肃地责怪郭淮说："大禹曾在涂山召集各路诸侯大会，防风氏因晚到便被杀死。现在，魏国建立，普天同庆，而你却来得最晚，你说说这是什么缘故吧？"曹丕把防风氏被杀的典故说给郭淮，意思是告诉郭淮要当心自己的脑袋，回答好了还算可以，回答不好则必杀无疑。郭淮听后，回答说："我听说，五帝时总是以德来教导人民，夏朝的时候因为政治衰退，才开始使用了刑法。现在我生活在唐虞盛世，无刑法之用，因此知道可以不像防风氏那样被杀，所以我才敢来迟。"唐虞是中国传说五帝中的尧和舜，他们在位时政治清明，百姓和乐，所以把他们治国的时期称为唐虞盛世。郭淮巧妙地把曹丕比作唐虞，回答巧妙。曹丕听后，心中大悦，不仅没有处罚郭淮，反而把他提升为雍州刺史，加封射阳亭侯。

郭淮既是不动声色地吹拍，又巧妙地设了陷阱——以夏的政治衰败为喻，使曹丕不好杀他，用得颇是地方。

天天说话不一定就会说话

有的人说起话来娓娓动听，让人浑身舒服，忍不住会同意他的说法；有的人说起话来像是一柄利刀，令人感觉浑身不自在；有的人说起话来，一开口就使人感到讨厌。所以，说话获得的效果，也正像面貌的各个不同一样。

我们天天在说话，但并不见得我们是会说话的。我们说了一辈子的话，我们说的话是不是每一句都能使人家心服？我们与人辩论是不是自己能够完全获得胜利？"三寸不烂之舌"这种赞词，完全是对于会说话的人的称赞。然而，我们的说话，恐怕是很难句句如此的。

虽然我们并不想去做辩士和说客，我们也并不需要犀利的舌锋，但是，我们必须明白，领导者与上下左右的交际不外乎言语和动作，我们不能终身不说话，一切的人情世故，一大半体现在说话当中。

我们的话说得好，小则可以让人欢乐，大则可以办成大事；我们的话说得不好，小则可以招怨，大则可以丧身。我们虽然手里并不执着国柄，不必担心因为说话的轻重或对错，去负着"兴邦"或是"丧邦"的责任，可是，我们总不能不顾及到"快乐"或是"招怨"这两个与自身利害攸关的大问题吧。

很多人都以为说话容易，不像做文章那样难。因为，不管大人或是小孩，不管文明人或是粗野人，时时刻刻都要说话，所以说话是不觉得困难的。至于写文章那就不然，不是张三李四都能够做的，所以就觉得说话容易而作文困难了。其实，说话未必比写文章容易：文章写了是可以修改的，而一句话说了出来如果要加以修改，那是比较困难的。写文章写了几句，可以搁笔构思，你去想了几分钟、几小时甚至几天都不要紧，而对人说话，那就不能如此。

无论如何，归根结底一句话："话不在多而在精。"说出一句算一句，那才叫会说话。满嘴胡言，词不达意，恐怕说得再多，也无济于事，反让人生厌。

分清对象说对话

▶▶ 领导警语

一个人的言谈举止，都流露出一定的感情；一个人的喜、怒、哀、乐，也因此显示出不同的形态。但所有这一切都必须先摸准，尔后才能决定哪些可以拿来作为衡量对方言论的准则。（动作言默，与此出入，喜怒由此以见其式，皆以先定为之法则。）

——《鬼谷子》

中国有句俗话叫"见什么人说什么话"，尽管其针砭的意味更浓一些，但其中透露出的针对不同对象、采取不同说服方式的智慧还是值得领导者借鉴与思考的。

对不同的人采取不同的说服方式，最典型的情况有两种：

一是对不服从领导的下属威严与情理并用。张嘉言任职广州时，濒海之处设有总兵、参游等官，每官下各有数千防兵，每兵每日供给工食之钱三分。但参游等官所领兵士，每年都要远涉海域，出外巡汛。而总兵官所领之兵，却都借口坐镇防守，从不远行。每隔三年、五年修理一次船只之时，参游官领兵士每天只给一半工食钱。即使没有修理船只，但不出海巡汛的话，也要削减工食之银，每天只给三分之一，其余全都贮存起来，以备修船之用。只有总兵官所领兵士，从不减少工食。修船之时，他们便移住别处百姓之间。这种规定相沿已久，彼此都把此看成是天经地义，不可改变。有一天巡道官忽然申报兵部军门，想对总兵官所领兵士，以后也要稍微减其工食，留作修船之用。军门官长正好与总兵官之间存有嫌隙，便仓促地批准实行。于是总兵官的下属兵士哄然喧哗。当他们知道张嘉言是巡道官的耳目以后，便一齐拥至张公堂前。张公神色安闲自若，唤来五六名兵士头目，登上台阶，询问缘故。这时其余兵士也都向前拥挤，有的还被挤上台阶。张公当即将其赶至堂下，并训斥说："声高喧嚣混乱，很难听清你们的意见！"于是其余兵士都走下台阶。这时天气突变，大雨如注，兵士们的衣裳全被淋湿，张公也毫不顾及，只是让六名兵士头目讲述要求。这六人你一言，我一语，都说他们原来从来没有削减工食的规定。张公答道："此事我也听说了，但你们全都不出远海巡汛，这是不能全怪上司的。你们想要不减工食，也是可以的，但这对你们也有不利。上司要求从今以后，你们每年也要和参游兵互相轮流出海巡汛，你们难道能不接受吗？如果接受了这一要求，你们就得出海巡汛。这样，你们就将被称为参游之兵，工食减半。你们所争得的利益，并不是你们独自享有，而参游兵也可替代所得。何不答应稍减之令，你们还可年年号称大将军之兵。这个建议你们应仔细考虑。"这六人被说得低头不语，只是连声道："请官爷宽贷谅解！"张公又问："你们都叫什么名字？"六人面面相觑，不肯说出姓名。张公骂道："你们不说出姓名，上司问我以后，我当找谁询问，当用何言回答上司？不妨通报一下各自大名，自有用处。"这六人这才自报其名，张公一一记录清楚，并对他们说道："你们转告其余兵士，此事自当别有处置，不许喧哗吵闹。否则，兵士们再要继续吵闹，你们六人都有姓名在案，上司就要把你们全都杀头。"六人大惊失色，唯唯而退。最后经过商议，决定诸兵每月都减银一钱。命令下达以后，无一人喧哗。

道理说得透彻，利害分得明晰，不由自主就会心平气和。大凡因减省军粮而激起兵变者，都是不善处理导致的恶果。

二是对不易说服的君主不妨以激促定。三国时荆州失守后，刘备仓皇出逃，曹军势力大盛。在这生死存亡的危急关头，诸葛亮献上计策：联吴抗曹，并亲赴东吴游说孙权。

孙权正兵聚柴桑，对曹军的进攻也感不安，但又怕与曹操作战失败，所以犹豫不决。诸葛亮见到孙权，看清他惧怕曹军兵势，所以激他说："现在正值天下大乱，将军雄踞江东，刘备在汉南收拾民众，与曹操共争天下，逐鹿中原。现在，曹操已平复中原，又南下攻破荆州，威震四海。致使刘备英雄无用武之地，逃遁奔命。将军在这紧要关头也量力而行吧。若是您觉得吴越之众足以与曹兵相抗，不如早与曹操断绝来往；如果您认为不能抵挡曹军凌厉的攻势。何不弃甲罢兵，投降曹操呢？现在您外表上说服从曹操，内心中却犹豫不决，事情危急而不果断，只怕大祸就要临头了！"

孙权听了心中不悦，说："按你的说法，刘备为何不归降曹操呢？"诸葛亮继续用激将法对孙权说："田横是齐国的壮士，他都能够守义不降，何况刘备是汉室后裔呢？刘备是英雄豪杰，天下有识之士争相归附。如果他的大事不济，只能说是天意使然了，他怎么能够投降曹操呢？"孙权一听，果然愤愤然地说："我决不能以东吴之地，十万之众受制于人。与曹操决战就这么定了。"虽然孙权决定与曹操决战，但对战争能否取胜没有多大把握。他说："刘备新败之后，能否渡过这场大难呢？"诸葛亮说："刘备虽然新败，但战士归还者及关羽所率水军仍不下万人。荆州刘琦的江夏士兵也不下万人。曹军远来疲惫，而且不习水战。荆州百姓归附于曹操的也只不过出于威吓而已。所以，如果你能派猛将领兵数万与刘备协同作战，击败曹军是必然的事。曹军如果失败，必定北还，如此荆州与东吴的势力强大起来，三足鼎立的局面便形成了。成败之机，在于今日。希望将军您早下决心。"孙权听后称善，派周瑜、程普、鲁肃三人领兵三万，与刘备并力破曹，果然大败曹军于赤壁。

激将法是谋士在游说时常用的方法。它通过语言或行动，触动敌方或己方将士的自尊心，进而引起他们的愤怒、怨恨或激情，诱导其按自己的意图行事，达到一定的作战目的。

刘备新败之后穷困不堪的处境，决定了他必须求救于东吴，在孙、刘联盟的条件下渡过难关；而孙权在曹军强大的兵势压力下的犹豫心境，决定了孔明只能用激将法激起孙权称雄一方、不受制于人的野心，从而达到结盟的目的。

三做深解

改变说话方式就能改变结果

每个人都有自己的思维方式和说话习惯，时间久了，其中必然掺杂不少可能导致不佳结果的说话方式和内容。语言惰性形成以后很难改变，而一旦做出改变，换一种不同以往的说话方式，可能新的结果会给你一个意想不到的惊喜。

研究心理，察言观色，得到准确的无形信息才能找到最恰当的说话切入点。

比如，在知识高深、经验丰富的对手面前，不能自作聪明、虚张声势，尤其不能不懂装懂、显露浅薄，否则，就可能弄巧成拙。

再如，在刚愎自用、好大喜功的对手面前，不宜过多解释，而可以采用激将之法。

又如，在沉默寡言、疑神疑鬼的对手面前，越殷勤，越妥协，往往越会引起更多的疑问和戒备。因此，关键在于想方设法启发对方讲话，以便摸清虚实，对症下药。态度也不妨强硬一点，用自己的自信来感染、同化对方，打消疑虑。

有一家皮革材料公司，专为皮革制造厂家提供皮革材料。一次，一位客户登门。几句寒暄之后，公司负责人发现这位客户实力雄厚，需求量很大。在交谈中又发现这位客户比较自负，性急。于是皮革材料公司的负责人通过客户观看样品的机会，适当而得体地夸奖他的经验与眼力，在最后的价格谈判中，先开出每米 20 元，但接着加了一句："您是行家，我们开的价是生意场上的常规，有虚头骗不了您。最后的定价您说了算，我们绝无二话。"果然，客户在这种信任的赞誉声中，痛痛快快定了每米 15 元的价格（公司的进价是每米 12 元）。

显然，这样的战术成功了。而成功的关键还在于准确地把握住了对方的性格及心理，使用了正确的说话方法。

▶▶ 第四章　须谨慎

凡事小心就能少犯错误

人人都有犯错的时候，但对于领导者，对身处某一位置上的人，就不能犯错，尤其不能犯不该犯的错误，这就要求领导人必须以认真的态度为官，以谨慎的态度为人。俗话说，小心驶得万年船，领导者更要认清官与民做事方式和原则上的不同之处，以如履薄冰的姿态走稳自己的为官路。

与疑心重的上司共事必须谨守法度

▶▶ 领导警语

官吏有五种优良品质：一是对上司忠诚、恭敬、讲信用，二是清廉、不诽谤他人，三是干事审慎适当，四是喜好做好事，五

是为人恭敬、谦让。能做到这五点，必定会得到大的奖赏。（吏有

五善：一曰忠信敬上，二曰清廉毋谤，三曰举事审当，四曰喜为

善行，五曰恭敬多让。五者毕至，必有大赏。）

——《秦简·为吏之道》

疑心重的上司有一个最大的特点就是想象力极为丰富，他会把一点小小的失误或违规无限上纲上线，而且惩治的手段往往从重从严，在这样的人手下做事动辄得咎。保全自己的办法只有一个：小心慎重，谨守法度。

明太祖朱元璋为了固权，杀戮大臣殆尽，但终未杀害宋濂，就因为宋濂一生谨慎。

史称宋濂谨慎守法度，对宫中事虽然知之甚多，但从来不向外人泄露一字。平日说话及诗文都十分小心注意，即便是奏稿，也多焚毁。他还大书"温树"二字于居室中，无论什么人如有问起朝廷中事，宋濂便指此二字而不答。"温树"之典出于西汉。西汉时御史大夫孔光谨慎守法，即使对家人也从不谈起朝廷中事。有一次家人问他："宫中温室（汉武帝时殿名）都种的是些什么树？"孔光默然不应。后人即以"温树"二字做居官谨慎的赞语。宋濂谨守此训，得以善终。

朱元璋对于宋濂的这种品德和作风十分赞许，因此一些有关国家的机密大事也多征求宋濂的意见。

宋濂的诚实态度亦深得朱元璋的赞扬。有一天，宋濂与客人一起饮宴，朱元璋却派了密使前往侦视。第二天上朝，朱元璋问宋濂道："昨天你饮酒了吗？"宋濂答道："饮了。"朱元璋又问在座的客人为谁，食物有些什么，宋濂都一一如实回答。朱元璋听后笑着说："你说的都是实话，没有欺

骗朕。"对于群宦的善恶得失，宋濂都心中有数，但当朱元璋向他问及其他大臣情况时，他总是举人之长，而慎言人短。有时朱元璋因一时之气而对臣下发怒，臣下有可能遭受不测时，宋濂又敢于挺身而出，为他们说话。一次，主事茹太素向朱元璋上了一份"万言书"，书中对朱元璋的施政提出一些不同的看法。朱元璋读后十分生气。一些廷臣见此情状，便迎合朱元璋，或谓茹太素"大不敬"，或攻击他"诽谤朝政"。而当朱元璋问到宋濂的意见时，宋濂却力排众议，说："茹太素敢于这样说，正是尽忠于皇帝的表现。皇上当今正想广开言路，若因此怪罪上书人，那谁还敢说话呢?"听了宋濂的这番话，朱元璋又仔细地阅读了茹太素的上书，感到其中确有许多建议是好的，可以采纳，于是他又把廷臣们都召来，对那些只知道迎合自己心理的人狠狠批评了一顿，而对宋濂却亲切地称呼他的字，并说："要不是宋濂，朕差一点误罪一个上书的人。"接着，朱元璋在朝廷上面对群臣赞誉宋濂说："朕闻太上为圣，其次为贤，其次为君子。宋濂事朕十九年，未尝有一言之伪，诮一人之短，始终无二，非止君子，可谓大贤!"

正因为朱元璋对宋濂极为信任，因此，也就给了宋濂以特殊的待遇和恩宠。

一个人要做到宋濂这样的确很难，但如果你不幸遇到一个朱元璋这样一个"雄猜之主"，恐怕做事小心、不越雷池也是唯一可行的选择。

三做深解

做到出力而不越位

真正做到出力而不"越位"，正确认识自己的角色地位，这是作为领导者处理好上下级关系的一项重要原则。

任何个人都是处于社会中的个人，他总是在社会中居于某一特定位置，有一套与这种位置相关联的行为模式，代表着一套有关行为的社会标准，即人们的角色地位。这种角色地位是社会客观赋予每个人的，代表了每个人在社会关系中的位置，是每个人的身份，谁都不应超越。它决定了人们的行为必须与它相符合，这样才能够与其他社会角色的关系处于常态，保持和谐。反之，则必然引起自己与其他社会成员的关系紧张，甚至危及正常工作和秩序，给社会和事业造成不良影响。

上司和领导者之间的角色关系一旦被确定，人们就会依照彼此间所认可的相互交往方式同对方"打交道"。作为领导者，依据法律或章程赋予的特定职责和权限进行工作，围绕上司去实现目标。上司和领导者都各干各的事情，各守各的本分。既不应要求领导去干下级人员的事，陷入事务主义；也不应让下级人员去做领导的事，出现"越位"，即越权或擅权。

我们强调，要准确地认知自己的社会角色，摆正自己的社会位置，目的是防止和克服"越位"现象，找到一个稳妥的出力方式。

"越位"是领导者在处理与上司关系过程中常发生的一种错误。它的主要表现是：

（1）干工作越位

哪些工作应该由谁干，这里面有时也有几分奥妙。有的人不明白这一点，有些工作，本来由上司出面做更合适，他却抢先去做，从而造成干工作越位。

（2）表态越位

表态，是表明人们对某事件的基本态度，一般与一定的身份相联系。

超越身份，胡乱表态，是不负责的表现，是无效的。

（3）决策越位

决策，作为领导活动的基本内容，处于不同层次上的领导者其权限是不一样的。有些决策可以由中层领导者做出，有些决策则必须由最高级领导做出。有的下级人员不能充分认识这一点，明明应该由上司做出的决策，他却超越权限，自己擅自做出。

（4）某些场合越位

有些场合，如同客人应酬，参加宴会，也应适当突出上级。有的人作为下属，张罗过欢，显自己过多，显上司太少，这也不好。

（5）答复问题越位

有些问题的答复，往往需要有相应的权威。而有的人明明缺乏这种权威，却擅自答复，这也是越位。

尤其与疑心重的上司相处时，不越位更是让自己免受不必要猜疑的唯一途径。

位置越高越要谨言慎行

▶▶ **领导警语**

荣华利禄对于人的诱惑力是最大的，然则荣利场却是最难站住脚的。（荣利之惑于人大矣，其所难居。）

——《韬晦术》

《周易》有云："安而不忘危，存而不忘亡，治而不忘乱，是以身安而国家可保也。"居安要思危，位置越高越要谨慎。

春秋时代，有一次郑国出兵伐宋。引起了晋、鲁、卫、曹等十一个国家的不满。他们便联合出兵讨伐郑国，深入郑境内，围攻其都城。郑难以抗争，只好停止侵宋，并与含宋国在内的十一国订立了友好条约。

当时处于中国南方的楚国，也觊觎中原，常有侵扰活动，故而与晋、鲁等十一国有矛盾。楚国看到郑国向十一国求和，心有不甘，就向秦国借兵攻打郑国，郑国只好又屈服于楚国。与郑国订立盟约的中国诸侯，见郑弃盟而事楚，对这种反复行为非常气愤，于是再次联合出兵讨伐郑国。郑国被折腾得精疲力尽，被迫无奈，请求晋国出来调停。在付出重大代价后，晋国完成调停任务，郑乃与诸国再次通好。

郑国为答谢晋国的调停之恩，赠送给晋国许多兵车、兵器、乐师及歌女。晋君主为犒赏这次调停的有功人员，便把得来的财物女子分一半给大臣魏绛。绛不肯接受，并向晋王说了下面这段话：

"愿君主在享受安逸快乐时，能够考虑到国家的长治久安。正如《书经》中所言：要居安思危。能有这种心理状态，才能对未来的紧急事态有所防备，有防备才不至于遭祸患。我愿以不受恩赐来劝谏您吧。"

魏绛可谓廉洁正派了。他不仅不贪图物欲的满足，而且在胜利时，他又能以冷静的头脑分析潜伏着的危机。早在郑国求他出面调停时，他就看到了郑国上下的狼狈相，在内心哀其不幸，又怒其不争。他又深恐郑国因国君不察而导致的悲剧在晋国重演，故而以实际言行劝谏晋王。如此耿介、清廉之士，不能不令人佩服。

唐朝郭子仪因平定安史之乱而立下大功，爵封汾阳王，王府建在首都长安的亲仁里。汾阳王府自落成后，每天都是府门大开，任凭人们自由进进出出，而郭子仪不允许其府中的人对此给予干涉。有一天，郭子仪帐下的一名将官要调到外地任职，来王府辞行。他知道郭子仪府中百无禁忌，就一直走进了内宅。恰巧，他看见郭子仪的夫人和他的爱女正在梳妆打扮，而王爷郭子仪正在一旁侍奉她们，她们一会儿要王爷递毛巾，一会儿要他去端水，使唤王爷就好像奴仆一样。这位将官当时不敢讥笑郭子仪，回家后，他禁不住讲给他的家人听，于是一传十，十传百，没几天，整个京城的人都把这件事当成笑话来谈论。郭子仪听了倒没有什么，他的几个儿子听了却觉得大丢王爷的面子，他们决定对父亲提出建议。

他们相约一齐来找父亲，要他下令，像别的王府一样，关起大门，不让闲杂人等出入。郭子仪听了哈哈一笑，几个儿子哭着跪下来求他，一个儿子说："父王您功业显赫，普天下的人都尊敬您，可是您自己却不尊重自己，不管什么人，您都让他们随意进入内宅。孩儿们认为，即使商朝的贤相伊尹、汉朝的大将霍光也无法做到您这样。"

郭子仪听了这些话，收敛了笑容，对他的儿子们语重心长地说："我敞开府门，任人进出，不是为了追求浮名虚誉，而是为了自保，为了保全我们全家人的性命。"

儿子们感到十分惊讶，忙问其中的道理。

郭子仪叹了一口气，说道："你们光看到郭家显赫的声势，而没有看到这声势有丧失的危险。我爵封汾阳王，往前走，再没有更大的富贵可求了。月盈而蚀，盛极而衰，这是必然的道理。所以，人们常说要急流勇退。可是眼下朝廷尚要用我，怎肯让我归隐，再说，即使归隐，也找不到一块能够容纳我郭府一千余口人的隐居地呀。可以说，我现在是进不得也退不得。在这种情况下，如果我们紧闭大门，不与外面来往，只要有一个人与我郭家结下仇怨，诬陷我们对朝廷怀有二心，就必然会有专门落井下石、妒害贤能的小人从中添油加醋，制造冤案，那时，我们郭家的九族老小都要死无葬身之地了。"

历史上像郭子仪位置之颇是又保身家无虞的大臣并不很多，郭子仪能真正做到谨言慎行，也正是他的不凡之处。由此可见，这种韬光养晦的功夫比冲锋陷阵、运筹帷幄的功夫还要难得许多。

三做深解

什么时候都要慎重为先

郭子仪的例子是封建时代的特定现象，拿到今天已不适用，但是在"慎重为官"方面的启示意义仍是巨大的，尤其对于渴望创新的新任领导者更是如此。

新任领导者的实干能力对其未来是否成功是非常重要的，但是一定要记住这句话："用慎重为创新做好铺垫。"这是因为：

成为领导者不外经由两条途径：一是在此工作单位很久、工作经验丰富，因而晋升为领导者；另一种则是由其他工作单位调过来的。前一种情况，由于相处的时间很久，晋升的领导者能够很清楚地了解每一位同事、下属的个性，在管理上不会发生太大的困难。而后者可就难说了。

当你刚刚调到新的单位担任领导时，所见到的都是陌生的面孔，这时绝对不可全凭私见，对他们有先入为主的印象，因为这样往往会造成错误的判断。另一方面，在尚未到达新工作单位时，这些同事、下属可能对你已掌握了相当多的情报。

"这次新调来的主任，听说是位很能干的人。"

"听说是不喝酒、不抽烟，像木头般的人。"

诸如此类的事情，下属可能已经调查得一清二楚，然后睁大眼睛等着看你的表现。这时，你大可不必在乎别人的评论，因为这只会徒增工作上的困扰而已。要将自己当作一张白纸，一切从头开始。

"我还不了解诸位，对新工作也得有个熟悉的过程。同样地，诸位对我大概也很陌生，但不管如何，既然今后大家都要在同一单位工作，希望大家能和我共同合作，支持我的工作！"新任领导者要用这样的态度开始才可以。

新官上任三把火，但这火还是缓一缓再烧。领导者即使有看不顺眼之处，也不要说："这件事要这么做才对"或"我以前的地方不是这样的"，否则会引起同事、下属的反感。要带着新鲜的心情来开始此项任务，即使对新单位业务已有十足的信心，也要谦虚地对下属说："我还需要进一步提高，希望诸位能多多指教。"

对于新任领导者来说，新单位的一切信条、规定、制度、方针……也都要从头仔细学习。对于不熟悉的事务，应当征求下属之意见或请他加以说明。

自然，塑造一个成功的新任领导者形象的最好方法是工作成绩突出。你的杰出表现及其带来的声誉，将使人们知道你是多么了不起。人们从你昔日成功的记录，或仅仅通过目睹你工作时的风采，就可认定这一点。当人们看见你在所从事的领域里的非凡表现时，他们也不会怀疑你的职业水平。

世界上没有不可克服的难题，只要新任领导者抱着实干的态度，扎实地走好每一步，就能走向成功。如果缺乏一步一步地实干精神，只能是"四面楚歌"，创新更是无从谈起。

无名利之欲才能做到有功不居

▶▶ 领导警语

官位俸禄不宜过高过多，过高过多则很危险。（爵位不宜太盛，太盛则危）。

——《菜根谭》

功成名就之后要求一个人谨言慎行是件十分困难的事情，因为很多人的心目中潜心奋斗的目的就是名利和地位，一旦到手，享受和炫耀还来不及呢，又怎能做到谨慎？所以说，只有放弃名利之心，才能做到有功不居，也才能真正以谨慎的行事原则保全自己。

道衍是明初的名僧，以写诗作文闻名于世，连明初的一代儒学宗师宋濂对他也是赞赏有加，然而道衍的志向却不在诗文上，也不在精研佛学上，而是要投身红尘，干一番轰轰烈烈的事业。

明太祖朱元璋的第四个儿子——分封北平的燕王朱棣因奔母丧到京师，与道衍见了面。两人彼此有心，一拍即合，朱棣便把道衍带回北平。请他主持北平西郊的大庆寿寺。

道衍虽名为主持，却整天待在燕王府里，与燕王密商大事。两人躲在密室里，没人知道他们在商议什么，不过朱棣已贵为亲王，再有所想自然也就是皇帝的九五之尊了。

朱元璋去世后，建文帝即位，因不满皇叔们的骄横不法，恐怕形成尾大不掉之势，遂决意削藩。

道衍力劝燕王起兵夺权，燕王感到了自己与朝廷相比，力量差距过大，而且建文帝宽厚仁义，民心归附，所以顾虑重重。道衍却摆出种种理由打消他的顾虑，又为他全盘策划起兵造反的事宜，燕王在道衍的劝说下决意起兵，以府中八百壮士设计擒斩了北平的主要将领和官员，夺取了北平的控制权。

随后四年的时间里，道衍一直作为朱棣的主要谋士，为他尽心筹划军事方略，朱棣对道衍也是倾心相待，言听计从，朱棣带大兵出征，则让道衍镇守北平，把世子和王妃宫眷都交到道衍手中，足见朱棣对道衍信任之深。而朱棣的行军路线，进攻或者撤退，也都听道衍一言而决。有一次，朱棣领兵济南城下，连攻不克，舍弃又不甘心。道衍派一名使者到军中，只在一张小纸条道："士气不振了，请回师北平休整。"朱棣看后立刻拔寨回师，毫不犹豫。

道衍最后给朱棣献上一条看上去凶险的计策：从北平直趋京师，中间不攻打城市，只要夺取南京，建立帝号，天下便可闻风降服，朱棣依计而行，竟一举而夺得京师，建文帝自焚身亡，朱棣在南京即位称帝，各地果然纷纷降附。朱棣便成了中国历史上唯一一位以藩王起兵，夺取政权的皇帝。

朱棣大封功臣，以为道衍运筹帷幄如同汉时张良，居中镇守不亚萧何，功劳最大，便封他为荣国公，代代传袭。又和徐皇后劝他还俗，娶妻生子，和自己共享天下的富贵荣华。赐他俗家名为姚广孝。又赐他宅邸一套，宫女两名，赏赐之厚不是其他功臣所能比拟的。

道衍却只接受了赐名，荣国公的爵位、宅邸和宫女却坚辞不受，朱棣再三相强，道衍却执意不回，朱棣也只好随他的意了。后来太子从北平迁到南京，朱棣便请道衍出任太子少师，辅佐太子，明朝的宫保官职（太子太师、太傅、太保、太子少师、少傅、少保）只是作为文武大臣的加官，和东宫事务没有任何关联，只有道衍一人职责辅导太子的少师，朱棣见了道衍，也称呼"少师"，而不称名字，以表明自己对他的尊崇。道衍辅佐朱棣成就辉煌帝业后，却和先前判若两人，对国家政务一言不发，再不向朱棣进一言，出一策，有如进了曹营的徐庶。早上一身朝服随班上朝，退朝后却住在庆寿寺里。一身袈裟，虔诚礼佛，对于东宫事务也是有名无实，当时朱棣有心废除太子，另立二儿子朱高煦，满朝文武以死力争，身为太子师傅的道衍却一言不发，仿佛此事与自己没有一点关系。道衍立身朝廷，唯一做的一件事就是任永乐大典的总管，但其实也是挂名而已，具体事务都是由解缙这班文士完成的。道衍的好朋友——建文帝的主录僧溥洽被朱棣关入诏狱，因为建文帝自焚后，却找不到尸体，人们传言建文帝从宫中秘道出走，这事成了朱棣最大的心病，他唯恐建文帝真的没死，有朝一日东山再起，所以派人四处搜寻。又有人说溥洽知道建文帝出走的去向，甚至说是他把建文帝藏匿起来，朱棣便关押溥洽，要在他身上得到建文帝的确切消息，却毫无所得，一关就是十几年。道衍虽身居高位，却不敢为溥洽辩明冤屈，更不敢出言相救，直到临死前，朱棣去他住所探视，询问他有何身后事要嘱托，道衍才提出请求放了溥洽，朱棣立刻命人去放了溥洽。好让道衍死无所憾。

道衍死于永乐十六年三月，享年八十有四，朱棣痛哭不已，亲手撰制碑文记载道衍的功勋，又把道衍生前力辞的荣国公爵位追封给他，仁宗继位后，又感念道衍对自己辅导保护功德，为他追加王爵。

面对功名富贵，一般人都会昏了头脑，唯恐得之不多，居之不久，到头来也都因功名富贵而丧生灭族，道理是如此，每个人也都明白，但真正能做到的就没有几人了。古时贤哲的风采千载之后犹令人肃然起敬。

三做深解

必须学会推功揽过

领导者如何与上级把关系相处得融洽，其中很重要的一点是要会推功揽过。我们知道，推功揽过，其实就是通过后退一步或牺牲自己的局部利益，来换取上司的信赖，建立上下级之间的密切关系，从而为开展工作乃至以后的个人发展奠定良好的基础。这既是一种策略，更是一种品德。

作为领导者，在实际工作中有所成绩，才华有机会展现，这离不开本人的辛勤工作，但功劳再大也不能忽视领导，试想如果没有上司的大力支持、协调帮助，领导者很容易被束缚住手脚，有能力而无法发挥。从公心而论，领导者把成绩归功于上司的帮助是有一定道理的。

推功表明你目中有人、尊重上司，承认上司的权威，也显示了你对他的支持，并且可以避免锋芒过露，功高盖主，将自己陷于危险的境地，不至于使上司感到一种可能产生权力挑战的威胁，从而心理失衡，影响今后的工作。你应明白，上司总需要一些忠心耿耿的追随者和支持者在自己的身边，一旦他把你当自己人看待，那就等于为你以后的发展打下了铺垫。

人无完人，事有成败。上司再英明，工作中犯错误也是难免的。作为领导者，危难时勇担责任，方显忠勇胆色，所以要揽过。越是关键处，就越要维护上司的权威，以实际行动帮助领导解决问题，渡过难关。

从与领导者关系而言，下属挺身而出，勇担责任其实是为领导解围，有利于上司解决问题维护权威，因而他一定会从心里感激你。危难之时见真交，越是关键时刻，越是能看出一个人的真实本质。代上司受过，除了严重性、原则性的错误外，实际上无可非议。领导者能够以大局为重，全力帮助上司渡过难关，一定会增进你们彼此的感情，赢得他的信任和感激，在适当的时候，你的这种勇于献身的精神定会得到回报，你的损失也会得到补偿。

《老子》一书中有这样一句话："大巧若拙，大辩若讷。"意思是聪明的人，平时却像个愚者，虽然能言善辩，却好像不会说话一样，言外之意就是说人要匿壮显弱，大智若愚。作为上司，他们要保持自己在集体中的权威地位，对功高盖主的下属自然会有一种敌意和警惕，这也是从维护自身利益出发所要求的一种安全感。

退一步想想：作为领导者，你的任务主要是协助上司，在单位最高层人物的眼中，你部门做出的成绩，自然也是部门主管领导下的成果。领导者尽力完成上司指派的工作是分内之事，假如你硬要出来争取风光，只会让人觉得你不自量力、不懂大体。另一方面，如果你锋芒过露，表现出争功的态势，领导会从心理上感到压抑、烦躁，在感情上会很反感。你自己就会变成上司的心腹大患，即使不会陷害你，你以后也别想有更大的发展了。

中篇　做局

把局面始终掌握在自己手里

领导者要让手下几个人、几百人甚至成千上万人朝着一个方向努力，事情的复杂和多变使局面很容易失去控制。这就要求领导者不能像一个普通人一样，简单化地处理任何事情，而应该把每一件事当作全局的一部分，以高超的领导智慧和技巧去布局、护局和收局，也就是所谓的做局。一个会做局的领导才是成熟的、可担当大任的领导。

▶▶ 第五章　善洞察

看清大势方可做出正确决策

　　领导者在担负领导责任的过程中，必然要做出一个又一个的决策，决策正确则前途光明、事业顺利，反之则处处羁绊、步步陷阱。可以说，领导者的仕进之路，是由一个个正误交错的决策为砖石铺就的，但无疑，那些能走过荆棘丛、跨过地雷阵到达事业峰顶的人，无不具有见微知著、洞察情势的眼光，有了这样一个眼光，做局便有了一个正确的方向。

行为超前是因为目光深远

▶▶ 领导警语

　　有智慧的人目标远大，所要谋求的高深。（盖智者所图者远，所谋者深。）

——《权谋残卷》

大凡胸怀天下、目光深远的政治家，常会做出不能为凡人所理解的超前决策，几乎无一例外地，这样的决策会遇到各种形式的抵制，需要决策者付出巨大的努力来应对。

商鞅就是这样一位走在时代前面的政治家。

公元前 356 年，商鞅在秦国正式开始变法。

为了发展农业生产，新法规定：生产粮食、布帛产量高于一般者，免除劳役和赋税，经营工商业或游手好闲而贫穷的人，则全家罚做官奴。鼓励其他诸侯国的流民到秦国开荒，拨给土地、房宅，三代免服劳役和兵役，只缴纳粮草。为了刺激生产，最大限度发挥劳动力的作用，还规定兄弟成年必须分家，各立门户，否则罚缴双倍赋税。

为了提高秦军的战斗力，商鞅否定世卿世禄制度，建立新的军功爵制度。新法规定：凡是没有为国家建立军功的旧贵族，不能列入宗室贵族的属籍，不得继续享受贵族特权，不得无功受禄；还规定重赏军功之士，军功的大小，不论出身，以在前线斩杀敌人的多少来计算，官爵按军功大小授给。斩敌人甲士首级一颗的赏给爵一级，田一顷，宅九亩，庶子一人。杀敌越多，赏赐越厚。商鞅还根据"劳大者其禄厚，劳多者其爵尊"的原则，建立了一套新的军功爵制，军功爵位共有二十级，最低的一级为"公士"，最高的一级为"彻侯"。根据爵位高低授予种种封建特权，包括占有耕地、住宅、服劳役的"庶子"、臣妾、衣服、车马以及相应的官职等等，如"斩五甲首而隶五家"，也就是说，杀死五个敌方甲士的就可以役使五家；将领若立功，除赏赐大量田宅外，还给予封邑。

赐爵制在战国已普遍实行，但集大成者是商鞅的变法后实行的"二十等爵制"。商鞅的军功爵制，使"有功者显荣，无功者虽富无所芬华"，人的政治地位、官职要由军功来决定，这对旧贵族无疑是个沉重打击。按照军功赐田赏爵选官的办法，激发了士兵的攻战热情，同时也出现了大批的军功官吏和地主，并在此基础上建立起一种新的等级制度和官僚制度。在商鞅的军功爵制下，官与爵基本一致，两者紧密联系在一起。

商鞅把农战政策看作是实现国富兵强的唯一政策。在当时列国争霸的局面下，这是符合实际情况的。

秦国在商鞅变法前，井田制已经开始瓦解，公元前408年，秦简公实行"初税禾"，即根据土地面积征收租税。献公即位后，又进行一系列改革。加速了秦国封建化进程。

商鞅为了强国利民，在上述改革的基础上，在秦国进行了比较彻底的封建制的改革。他以法令的形式，宣布"为田开阡陌封疆而赋税平"，彻底废除井田制，具体做法是：把原来井田制下大田和份地间的田界即阡陌封疆统统破除，土地收归国有，国家政府再按一夫百亩的标准将土地授予农民；授定之后，重新设置田界，即阡陌封疆，不许私自移动。当然，一夫百亩是国家制定征税数量的标准亩积，由于不同地区的土地质量差别很大，为了使财力均平，政府在分配土地时，对恶田者则加倍或再倍授予，用土地数量调节土地质量所导致的产量差别。

商鞅的"开阡陌封疆"适应了当时生产力发展的要求。井田制是以宽一步、长百步为亩，使用耒耜耕作。但到商鞅时代，牛耕或人力拉犁的做法日渐推广，而且用铁犁耕地，不像耒耜那样向后退着挖地，而是向前进着翻地，且又快又省力，这样，原来的百步为亩就不能适应当时的生产发展了。商鞅变法，破除原来的百步为亩的旧阡陌，重新开拓为160步的大亩，建立新的田界系统、新的阡陌，这无疑十分便于犁耕，便于生产。

商鞅变法是一场深刻的社会变革，具有划时代的历史意义，他废井田、开阡陌，推行一家一户的个体经济，从而在经济领域实现了封建制取代奴隶制的根本变革，有力地促进了秦国封建经济的长足发展，使秦国很快成为富强的封建国家。

为了改革成功，商鞅不顾个人安危，与反对派进行了不懈斗争。

变法之初，仅首都反对变法的人就达数千，太子犯法更是最高层次的最有威胁性的犯罪。太子驷有两个老师，一个叫公子虔，一个叫公孙贾，这两个人也是贵族。由于商鞅的变法自然也触及他们的利益，这两人对此早已耿耿于怀。"小不忍则乱大谋"，便把希望寄托在太子身上，天天在太子面前说商鞅的坏话。特别是说到商鞅大权在握，正在收买民心、图谋不轨时，太子感到自己将来的国君地位受到了威胁。在两位老师的怂恿下，经过深思熟虑，太子把所见所闻归纳了一遍，在秦孝公面前狠狠地告了商鞅一状。于是，太子出面攻击新法，要求秦孝公处置商鞅的举动，在朝廷引起大哗。秦孝公听了太子的批评后，十分恼火，把儿子训斥了一顿，然后交给商鞅依法处置。

实际上对于居官者而言，深邃的目光与果决的行动是相辅相成的，试想，商鞅如果只看到问题的症结，而面对各方面的压力和威胁畏首畏尾，也就不能成为商鞅了。

三做深解

站在追求的高度

要站得高就要看得远，也就是高瞻远瞩。从远程目标高瞻远瞩地往下看，眼前的困难变得微不足道；以同样的观点，你会发现很容易定下更高的目标，也对自己提高要求，更经得起挫败。你了解到今天的锻炼对你的成功是多么必要，你就会泰然处之，它们是来日成大器的垫脚石。

一个人的追求是高尚还是平庸，这对他的职业生涯甚至一生来说有着至关重要的影响。如果一个人的追求是高尚的，那么，从他高尚追求变为现实的过程中，就必然会创造出一个个辉煌的业绩来，而把这些辉煌的业绩聚集在一起，便可以使人生放出灿烂的光辉。在中国历史上，有无数的仁人志士，他们追求科学、追求真理、追求光明、追求祖国的繁荣昌盛，伴随着这些追求的实现，无不留下了不同凡响的业绩。与此同时，他们的光辉名字也永远刻在历史的丰碑上。比较一下高尚的追求与平庸的追求对人生的影响，所能得出的结论是非常清楚的：为官一场，要想避免灰暗的人生而赢得辉煌的人生，就必须执着于高尚的追求，至于那些平庸的追求，则应当毫不吝惜地将它抛到九霄云外去。

在变化中走出一条康庄大道

▶▶ 领导警语

事情的变化不是有智慧的人就不能明白，事情的根本不知行止就无法掌握。（事变非智勿晓，事本非止勿存）。

——《止学》

看清形势，洞悉问题的要害处是领导者必备的素质。尤其身处风起云涌的时局动荡之中，形势复杂，变化多端，要想走出一条为官的康庄大道，就更需要有一双看清问题实质的火眼金睛。

让我们来认识一下秦帝国的第一位丞相李斯。李斯（？～前208），楚上蔡（今河南上蔡西南）人。出身于地主阶级的下层，年少时，曾为郡中小吏。他不事虚伪，锐意进取，追求功利，抱负远大。他曾见茅厕中的老鼠觅食污秽之物，又时时受人犬惊扰，终日惶惶然。再看仓中硕鼠，居廊庑之下，仰食积粟，安然无忧。他由此感慨万千："人之贤不肖譬如鼠矣，在所自处耳！"即人的尊卑贵贱，就像"厕鼠"和"仓鼠"一样是由他所处的生活环境和社会地位所决定的。所以，他认为耻莫大于卑贱，悲莫甚于穷困；久处卑贱、贫困之地而不求进取，则无异于鼠辈。于是，他决心择地而处，摆脱卑贱贫困，遂投师于名家荀况，学习"帝王之术"。学成之后，他审时度势，认为楚王不足为事，六国又都衰弱，无从建功立业，便西去秦国，以施展其抱负。

公元前247年，李斯到达秦都咸阳，时逢秦庄襄王病死，其子嬴政继立。他首先投到相国吕不韦门下，深得其赏识，被任命为郎官。接着他便利用职务之便，接近秦王，给秦王出谋划策。从此，他开始了辅佐秦王步步实现统一大业的历程。

在李斯为郎官期间，天下形势正急剧变化，秦对六国已占压倒优势：韩王入朝称臣，魏也举国听命于秦，其他各国也是气息奄奄，不堪一击。因此，李斯认为秦国应不失时机地出兵，剪灭诸侯，统一天下，建成帝业。于是，他乘机上书秦王。在上书中，李斯回顾了秦国由小到大、由弱变强的历史，分析秦穆公（前659～前621）曾称霸诸侯，但因"诸侯尚众，周德未衰"，故其始终未能统一天下；自秦孝公（前361～前338）以来，"周室卑微，诸侯相兼"，东方只剩下六国了，而且秦国乘胜驾驭诸侯，已经六代了。如今各诸侯国服从秦国，就像本国的郡县服从中央一样。李斯奉劝秦王决不可"怠而不急就"，应抓住这"万世之一时"的千载难逢的好时机，"灭诸侯，成帝业，为天下一统"。秦王政闻言十分赞赏，立即擢升李斯为长史，不久又拜之为客卿，经常与李斯研究制定吞并六国、统一天下的策略和计谋，如暗遣谋士、刺客游说诸侯；对各国大臣、名士，或以重金收买，或以武力相胁；并对各国开始实施有计划的军事进攻。据史书记载，从秦王政元年（前246）至九年（前238），仅对魏国就进行了六次大规模的军事行动。正是李斯的上论统一书，为秦王政打下了统一天下的思想基础，才使得秦王政能够"续六世之余烈，振长策而御宇内"。

公元前237年，秦王政开始亲政。此年前后，秦国内部发生了一系列始料未及的事件，如郑国间谍案、吕不韦与叛乱者牵连案等。

郑国、吕不韦均为他国人，一些守旧的宗室大臣乘机煽动秦王政说：

各国来秦求仕者，大抵是为其主充作说客、间谍的，请一律逐出！秦王政一时深信不疑，遂下诏逐客。李斯当然也在被逐之列。

在秦国施展才华，建功立业，是李斯多年的理想和抱负，一旦离开，便会付诸东流。于是他行至途中，奋笔疾书，写就一篇《谏逐客书》，转呈秦王。李斯在此书中，列举大量事实，总结历史上秦国重用百里奚、商鞅、张仪、范雎等客卿得以变法图强的经验，直截了当地指出："一切逐客"的做法，是"弃黔首以资敌国，却宾客以业诸侯，使天下之士退而不敢西向，裹足不入秦，此所谓'藉寇兵而赍盗粮'者也"。结果壮大了敌人，削弱了自己，后果不堪设想。他认为，广招人才是"跨海内制诸侯之术"的关键。秦王观罢谏书，幡然省悟，急忙收回成命，派人去追李斯。李斯至骊邑（今陕西临潼）而返，官复原职，并得到进一步重用，不久被提为廷尉。《谏逐客书》为秦国继续罗致天下人才起了不可忽视的作用。

李斯在重新得到秦王的信任后，便继续竭诚辅佐秦王，积极进行吞并六国的部署和策划。李斯根据当时形势，一方面继续实行秦国传统的"远交近攻"战略方针，并在具体的作战部署上，主张"先取韩以恐他国"，即先灭韩国，借以震慑其他国家，逐步完成统一大业。另一方面，又采用新的策略，即政治攻势，主要手段是间谍活动。这个策略是由当时的国尉尉缭一手制定、而由李斯付诸行动的。李斯根据尉缭的意图定出具体措施：首先暗派间谍携带金玉财宝潜入各国内部，游说诸侯，收买权臣，离间各国之间或国内君与臣、臣与臣之间的关系；对收买不成者进行暗杀，制造各国的混乱和摩擦，以达到分化和瓦解诸侯国、粉碎六国联合抗秦的阴谋；接着再"使良将随其后"，率领大军乘机发动进攻,各个击破。这一套措施,在秦的统一过程中起到了重要作用。

秦王政前后仅用10年时间就消灭了六国,完成了"六王毕,四海一"的统一大业,其中原因是多方面的,但李斯在统一过程中,辅佐秦王,筹划谋算,设计定策,则起到了重要作用。

谏逐客、灭六国,这两件事对于秦国、对于中国历史的意义不言而喻,而对于李斯个人来说,更让他达到了事业和人生的顶峰。

三做深解

方法总比困难多

为官做事,不可能总是一帆风顺。高明的领导者正是在不断遇到困难和解决困难的变局中取得成就的。对他们而言,困难面前不言退是唯一的成功秘诀。

碰到困难绝不言退,这里有两个方面的含义:一是做给别人看——要让别人知道你并不是一个懦弱之人、一个胆小鬼。即使你做事失败了,你不怕困难的精神和勇气也许会得到他人的赞赏;如果你顺利地克服了困难,这就更加向他人证实了你的能力!如果有人出于对你的不服、怀疑、中伤、嫉妒而故意给你出些难题,当你一一解决时,你不仅解除了他人的不良心理,而且还提高了自己的地位。二是做给自己看——一个人一生中不可能一帆风顺,事事顺心如意。碰到点困难,这并不可怕,应把困难当成是对自己的一种考验与磨炼,一种"练功"的机会。也许你不一定能解决所有的困难,但在克服这些困难的过程中,你在智慧、经验、心志、胸怀等各方面都会有所成长,所谓经一事长一智说的就是这一道理。这对你日后面对困难有很大的帮助，因为你至少学会了"不怕困难"，也习惯于"应付困难"。如果你顺利地克服了困难，那么在这一过程中你所累积的经验和信心将是你一生当中最可贵的财富。如果你不相信，那就想象一种"遇难即退"的后果吧，这种人首先就会被人认为是一种庸懦之人，没有人认为他能成就大事；而事实上也是如此，因为他闪躲、逃避，无法克服困难、提升自己，自然也只能做一些无关紧要的小事情了。

与人合作不能只看重其眼前的强大

▶▶ 领导警语

两者相合，可以收到相互生发，相互救助的功效，如果二者偏离，就都成为无源之水，即使看上去壮盛，也维持不了多长时间。（合则收相生相济之美，离则均为无源之水，虽盛不长。）

——《韬晦术》

我们说动荡之中事难成，是因为动荡之中形势始终处于变化的状态之中。就个人而言，选择一个强大的合作者作为倚靠，无疑可以给自己的人生之局提供一个有力的支点。但是动荡之中强者未必真强，弱者未必真弱，强弱之间瞬息转换，如分辨不清反倒自取其祸。

曹操成事的高明之处正在于哪怕身无所属，也绝不与貌似的强大者合作。

董卓在控制献帝，权利炙手可热的时候，想笼络曹操，这对曹操的选择就是一个考验。董卓对曹操的才干，久有所闻，他任命曹操为骁骑校尉，并与其共商大事，想把曹操收为心腹。但曹操对董卓的为人是了解的，先前他反对召外将进京，就是看到了董卓是一个缺乏政治头脑又有政治野心的人。董卓到洛阳后的所作所为，曹操更是亲眼所见，他料定董卓无非是逞一时之势，终将要落得众叛亲离，归于失败的下场。像董卓这样的人，不仅不能与其同流合污，而且要创造条件打败他。于是，曹操在这年的九月，偷偷地离开洛阳，走上了公开反对董卓的道路。

曹操不受董卓的笼络，一是他有远见，料定董卓之辈只能得势一时。二是他有大的抱负，不是轻易地被人看重和使用的问题，而是怎样才能有朝一日使用别人。

中平四年（187）曹操采取以退为进的策略，以有病为由，辞去了朝廷任命他为东郡太守的官职，在家闲居。然而以他的声望、人品和才华，是难以让他清静的。一年以后，冀州刺史王芬就派人拿着密信找到了他，原来，冀州刺史王芬联合策士许攸、陈蕃的儿子陈逸、道教法师襄楷、沛国人周族等，密谋政变，打算趁汉灵帝北巡河间（今河北献县东南）旧宅之机，用武力挟持灵帝，诛除宦官，为陈蕃等人报仇。然后，废掉灵帝，另立合肥侯为帝。他们决定拉曹操入伙。因为曹操有正义感，有号召力。所以派人给曹操送来了密信。

曹操读罢密信后，心情很不平静。他仔细考虑之后，觉得此事不妥，给王芬等人回信明确表示反对。

曹操从当时主客观条件上来说，王芬等人确实不具备像当年商朝掌权者伊尹放逐太甲、西汉大将军霍光废立昌邑王刘贺的情势，想取得成功是不可能的。

王芬等人是由地方发动的政变，无法一开始便控制朝政，就是一时取得成功，也容易受到中央集权力量的围剿。像西汉景帝时的吴、楚七国之乱那样大的规模最后都失败了。王芬等人以一个冀州之地，想搞成这样一件大事，当然是属于轻举妄动的冒险行为。

后来事态的发展，果然如同曹操所料，王芬非但没有取得成功，反而落了个举家自杀的结局。

在对待王芬政变这一重大政治事件上，曹操对灵帝没有采取"愚忠"的态度，去告发他们。王芬等人敢于去拉曹操入伙，也是对他的心态有所了解。曹操不是不想改善朝政，如果通过废立皇帝能有利于国家，取得积极效果，这也是他所希望的。但是，没有一定把握的冒险盲动，是他所不取的。

董卓、王芬是两个都想拉拢曹操入伙的人，曹操对他二人采取了不同的对策，可见曹操的足智多谋。而曹操反对王芬等行废立之事，也说明了他处大事断大疑当不能徒见往者之易，而未见当今之难的独到之见，以及做大事不能急于求成而要待条件具备，方可行非常之举。

曹操对待拉拢他的人的对策是不同的，但有一点是相同的，绝不随随便便与人合作，因为合作是为了成事，如果合作对成就大事不利，那就果断地放弃合作带来的暂时的好处，而等待更好的时机。在这里，看清合作者将来能够有多大出息、发展走向如何就显得尤为关键。

三做深解

决策正确是因为预测准确

从古至今，领导者做出任何决策都是基于他对事情发展走向的预测，所以，预测是决策的前提和依据。预测是由过去和现在的已知，运用各种知识和科学手段来推知未来的未知，决策的正确与否，取决于对未来后果判断的正确程度，不知道行动后果如何，常常造成决策失误。所以管理决策必须遵循预测性原则。

其实，所谓预测讲通俗一点就是如何审时度势。那么，领导者怎样才能掌握审时度势的决策艺术呢？第一，要认清形势，把握趋势。形势和趋势是领导者审时度势进行正确指挥的出发点。在每一项决策前，都要对形势进行认真的分析，对事态的发展趋向做出准确的判断，搞清哪些是有利条件，哪些又是不利条件；现有诸因素中哪些是必然因素，哪些是偶然因素；它们将向何种状态发展，等等。只有把这些因素分析透彻，才能制定切实可行的战略和策略。第二，要善于抓住时机，当机立断。在战场上，时机对指挥员来说是十分重要的。如果指挥员善于抓住各种战机，就会在敌强我弱的情况下，取得战争的胜利。反之，如果不善于捕捉战机，即使我强敌弱，也容易处于被动挨打的地位。第三，要机动灵活，善于随机应变。我们说不善于抓战机不行，但有了战机而不善于根据情况的变化而采取相应的对策，也同样不会成功。领导者要学会随机应变，善于根据客观条件的变化而迅速急剧地改变策略，如果原先的道路在当时不妥当或行不通时，就选择另一条道路来达到目的。而且领导活动的各种因素，总是在变化的，所以领导者决定问题就要因情况之变而变。

多想几步棋才不会被将死

▶▶ **领导警语**

（遇事要）思考思考再三思考。（思之，思之，又重思之。）

——《管子》

会下棋的人都知道，你能多算一点、多想几步，就能在对弈中保持主动，起码不会让对手轻易将死。为官也是这样，谋事细密、深远，事情会做得更圆满、少出纰漏，谋身不被眼前一时的显达所迷惑，就能走得更稳妥、更安全。

北宋时代，西夏主李继迁骚扰西部边疆，保安军上奏，擒获了李的母亲。宋太宗想把她杀掉，犹豫未决之际，请来枢密使寇准单独商议此事。商议停当后，寇准退出归家时，路过相府，以之告于宰相吕端。吕端说："皇上告诫过你不要跟我说吗？"寇准说："没有。"吕端便问："准备怎样处理？"寇准告诉他准备在保安军北门外斩首，以惩戒凶逆。吕端说："如此做，未必合适。"于是他便觐见皇帝说："从前项羽欲烹高祖父太公以示威于高祖，而高祖却说愿分得一杯羹。举大事者是不顾父母的，何况李继迁是不孝之子呢？陛下今天杀其母，明日即可抓住李继迁本人吗？如其不然，只能增加其对宋的仇恨程度，反志益坚。"太宗说："然则如何是好？"吕端说："依臣愚见，应将她安置于延州，派人好好服侍她，以招徕李继迁。他即便不立即来降，也可拴住他的心，因其母的生死完全掌握在我们手中。"太宗拍腿称善，说："不是你提醒，几误我大事。"后来，继迁母死于延州，继迁死后，其子竟来投诚。

杀了叛将的母亲，这种手法太拙劣，岂是天朝大国所为？而优待他的母亲，乃是怀敌抚远之举。

还有一个故事：明朝初年，徐达率军北逐元军，将元顺帝包围在元上都开平。他故意将包围圈空缺一角，让元顺帝逃走。大将常遇春觉得这本来是大功一件，怎么能让元顺帝逃跑了呢？他异常恼怒，就是想不通。徐达对他说："他虽然是外族人，但已经称帝于天下很久了。抓住了他之后，我们主上该如何对待他呢？再把一些土地封给他呢，还是干脆把他处死呢？都不很妥当。既然都不行，那么让他跑掉就是最简便的办法了。"常遇春一时还不认为这样做法对。等回来报告给太祖朱元璋，朱元璋也没有对这一举动怪罪。

我们在处理事情时，就应该像吕端、徐达那样多考虑几步棋，想想可能出现的后果，权衡一下优劣。

三做深解

做决策要估量胜算几何

《孙子》中说："多算胜，少算不胜，由此观之，胜负见矣。"这里的"算"是指"胜算"，也就是制胜的把握。胜算较大的一方多半会获胜，而胜算较小的一方则难免见负。又何况是毫无胜算的战争更不可能获胜了。战术要依情势的变化而定，整个战争的大局，必须事先要有充分的计划，战前的胜算多，才会获胜，胜算小则不易胜利，这是显而易见的道理。如果没有胜算就与敌人作战，那简直是失策。因此，若居于劣势，则不妨先行撤退，待敌人有可乘之机时再做打算。无视对手的实力，强行进攻，无异于自取灭亡。

《孙子》在此处所表达的意思，凡事不要太过乐观，一旦大意轻敌，将陷入无法收拾的可悲境地。这个道理在中外历史上屡屡应验。如日本在第二次世界大战时偷袭珍珠港，美军毫无防备，结果太平洋舰队几乎全军覆没。而日本当时胜算可谓极小，却仍然不顾一切地发动战争，其后果当然可想而知了。在任何时代任何国家，有资格被尊为"名将"的人，都有个大原则，即不勉强应战，或者发动毫无胜算的战争。如三国时的曹操便是一例。他的作战方式被誉为"军无幸胜"。所谓的幸胜便是侥幸获胜，即依赖敌人的疏忽而获胜。实际上，曹操的制胜手段确实掌握了相当的胜算，依照作战计划一步一步地进行，稳稳当当地获取胜利。而要做到有把握，就必须知彼知己。孙子说："不知彼而知己，一胜一负；不知彼，不知己，每战必败。"这句话虽然很容易理解，实际做起来却颇难。处于现代社会中的人，均应以此话来时时提醒自己，无论做何种事均应做好事前的调查工作，确实客观地认清双方的具体情况，才能获胜。

人生有时候还是需要运用"不败"的战术来稳固现况。就像打球一样，即使我方遥遥领先，仍需奋力前进，掌握得分的机会。荀子说："无急胜而忘败。"即在胜利的时候，别忘了失败的滋味。有的人在胜利的情况下得意忘形，麻痹大意，结果铸成意想不到的过错。须知"祸兮福之所倚，福兮祸之所伏"，在任何情况下，都要预先设想万一失败的情况，事先准备好应对之策。

▶▶ 第六章　用智慧

换一种思路事情办得更圆满

　　做一盘好局最忌讳思想僵化，遇事不知变通。领导者固然要常常面对一些急待解决的难题，但是也应相信一句话，世上没有什么解决不了的问题，关键是要及时转变思路，找到解决问题的切入点。智慧对于领导者是不可缺少的护身符，有时你只要换一种思路就能得到它，就能把看似棘手的事情办圆满。

从另一个角度找到解决之道

▶▶ 领导警语

　　为他去诤谏，不如为他出谋划策；为他去死，不如帮助他找到一条生路。羽翼丰满了，又何愁不能翱翔千里呢。（故为其诤，不如为其谋；为其死，不如助其生。羽翼既丰，何虑不翱翔千里。）

——《权谋残卷》

谋事有时候很难，因为看似明摆着的道理别人就是不接受；谋事其实也很容易，换一个角度、换一个切入点也许就变得轻而易举。

刘邦当上皇帝后，宠信戚夫人。戚夫人的儿子如意被封为赵王，但戚夫人并不满足，她希望自己的儿子当上皇帝。仗着刘邦宠信她，她缠着刘邦废掉太子刘盈，改立如意。

刘邦的心里也慢慢活动了。他爱屋及乌，也喜欢如意。虽然大臣们极力劝谏，他还是一直想实现这一主张。

皇后吕雉是刘盈的生母，她心里为此感到十分不安。她知道，高祖一旦做出了决定，光靠大臣们劝谏是扭转不了局面的，况且大臣们在这个问题上意见也并不一致。她和亲信们商议，有人出主意说：

"这件事非留侯不可。留侯足智多谋，皇上事事都听他的。"

张良自从刘邦当上皇帝后，就以身体不好为由，很少过问政事。吕后就让自己的兄弟吕泽设计把张良请了来，对他说：

"先生常为皇上出主意，现在皇上要换太子，先生就真的高枕无忧吗？"

张良说："当初皇上处于危难之中，还能用臣的计谋。现在天下安定了，皇上要换太子，是出于个人的情爱。这种骨肉之间的事，像我这样的大臣就是一百个也没有用。"

吕泽一定要张良想办法，张良只好说：

"这种事情不是凭口舌就能争得了的。天下有四个人，是皇上没有请到的，这四个人都很老了，因为皇上对人傲慢，就逃到了山中，决定不再做汉朝的臣子。但皇上对这四人很看重。要真能不惜重金，叫能言善辩的人拿着太子的书信去请，请来了，就叫他们做客卿，时时跟随太子上朝，让皇上见到他们，可以有所帮助。"

吕后就照他的话做了。

汉十二年，高祖病重，更想更换太子。张良去劝说，但没有起作用。太傅叔孙通讲了一套古今的大道理，并以死相争，高祖假意答允，但心里却仍旧想换。

一天，高祖到了燕地，摆下酒席，太子陪坐。太子身后，有四个人陪伴着，都八十多岁的年纪，胡子眉毛一片洁白。

于是，皇上奇怪地问："这几个人是谁呀？"四个人就上前应对，他们是东园公、角里先生、绮里季、夏黄公。

刘邦大惊："我一连几年都请你们来，你们一直躲着我，为什么现在跟随我儿？"四个人都说：

"陛下总是爱骂人，我们不愿受辱。听人说太子仁爱忠孝，对士人又很尊重。天下人没有不愿伸长脖子，为太子而死的，所以我们出来辅助太子。"

四人敬完酒，就都出去了。刘邦目送他们，叹了口气说："羽翼已成，难以动摇了。"

太子没有被更换，全是凭着这四个人的力量。

更换太子，从今天的角度看很难说是否正确，刘盈上台后被吕后篡权，吕后和她的家族一直把持朝政十一年，后来闹了大乱子，差一点把汉朝的江山掀翻了；要是如意当了皇帝，最坏也不过是这样的结果。刘邦不想让刘盈接替自己，除了宠爱戚夫人和她的儿子外，恐怕也是不愿让生性残忍的吕后有机会把持朝政。当然，就事论事，在说服刘邦、保住太子的问题上，张良做得非常巧妙。他也当面劝谏，但适可而止，因为他知道这种事情不是凭口舌之力可以做到的。唯一可行的就是加固太子的地位。有贤人来支持他，并说天下人都愿意为太子而死，不能不使汉高祖心动。如果换掉太子，真的天下大乱，这是刘邦绝不愿看到的。作为统治者，江山总是重于亲情，张良的计策，也算是釜底抽薪之计吧，在太子锅下面加了把火，就等于在戚夫人的锅下撤了把火。

三做深解

贵人相助事易成

张良的"贵人术"还是颇为有效的，确实，为自己寻求一些贵人作为背景，从而促成事情的成功，是领导者有时不得不走的一条捷径。

（1）寻找贵人。是指在层级组织中职位比你高且能帮助你晋升的人。首先你得费心地去分辨谁是贵人。你或许以为，你的晋升概率取决于顶头上司对你的评语好坏，这观念或许是正确的。但是更高的管理阶层可能觉得你的顶头上司已到达不胜任阶层，因而可能不在乎他的推荐和好恶。所以，仔细深入观察，你才能找到能帮助你晋升的贵人。

（2）激励贵人。不激励贵人等于没有贵人。在层级组织里，贵人帮助你往上晋升后他有什么好处，如果他不帮助你晋升，他有什么损失。这是激励贵人的入手之处。

（3）以退为进。康庄大道永远是最好的途径。试想你正置身于游泳池内，你努力地往高处的跳水板爬，可是当你爬到半途时，前面一名也想跳水的人挡住了你的去路。那人爬到一半便已失去勇气，双眼紧闭，死命地抓住栏杆，既不会掉下来，也不再向上爬，而你就是无法超越他，这时，站在跳水板上的朋友虽然拼命为你呐喊加油，结果还是无济于事。

同样地，在工作上的层级组织中，如果你的上一层职位被某一个不胜任者占住，那么不管你花再多力气或你的贵人再有心提拔你，也都将徒劳无功。

（4）争取多位贵人的提拔。多位贵人的共同提拔，可产生乘数的提拔效果。乘数效果的产生，是由于这些贵人在他们的谈话里，不断地互相强化你的优点，因而使他们决心提拔你。假使你只有一个贵人，你便得不到这种强化的效果。

虽然没有贵人比较难成气候，但若要被贵人"相中"，首要条件还是在于，自己究竟有没有两下子。俗话说，师父领进门，修行在个人。如果你一无所长，却侥幸得到一个不错的位置，保证后面一堆人等着想看你的笑话。毕竟，千里马的表现好坏，代表伯乐的识人之力。

面对强者要善找他的弱点

▶▶ **领导警语**

> 智计有它缺欠的地方，谋略存有它的敌手，谨慎使用才能减少祸患。（智有所缺，谋存其敌，慎之少祸焉。）
>
> ——《止学》

天下没有人只有优点而没有弱点，只要是有弱点的人，无论他多么强大，你也能把他打败。

齐景公手下有三个勇士：田开疆、古冶子和公孙捷。这三个结拜为兄弟，经常对大臣无礼。大臣晏婴知道这样下去，肯定会出问题，就一直找机会要除掉这三人。有一天，晏子从他们身旁经过时，小步快走以示敬意，但这三个人却不起来，对晏子非常失礼。晏子极为生气，便去觐见景公，说："我听说，贤能的君王蓄养的勇士，可以制止暴乱，上面赞扬他们的功劳，下面佩服他们的勇气，所以使他们有尊贵的地位，优厚的俸禄。而现在君王的勇士，对上没有君臣之礼，对下也不讲究长幼之伦，对内不能制止暴乱，对外不能威慑敌人，不如赶快除掉他们。"景公说："这三个人力气大，与他们硬拼，恐怕拼不过他们，暗中刺杀又刺不中。"晏子说："这些人虽然力大好斗，不惧强敌，但不讲究长幼之礼，这是他们的致命弱点。"

有一天，鲁昭公到了齐国，齐景公设宴招待，晏子陪坐，田开疆等三人带剑站在台下，洋洋自得，目中无人。

酒喝到一半，齐景公对鲁昭公说："我园子里种了一棵桃子，长了30多年了，就是只开花不结果，恰好今年结了几颗果子，我想请您品尝品尝。"鲁昭公听了很高兴，齐景公就让晏子去摘桃，一会儿工夫，侍者端着盘子走了上来。盘子上放着六个大如碗、香气扑鼻的桃子，晏子说："还有三四个没熟，我就先摘了这几个熟的。"

首先，晏子祝辞，鲁昭公和齐景公各喝一杯酒，吃了一个桃子。接着齐景公说："这桃子十分难得，叔孙大夫和晏婴大夫，都是很有贤名的人，对国家又有功劳，应当各吃一个。"这俩人一听，赶紧走上前拜谢。

吃了桃子，晏子说："还有两个桃子，主公可以让大臣们说说自己的功劳，找出两个功劳大的，吃了这两个桃子。"齐景公认为这主意不错，就同意了。

公孙捷第一个走上台说："当年我跟主公去打猎，赤手打死了一只猛虎，救了主公一命，这功劳大不大？"晏子连忙说："这个功劳很大，可以喝一杯酒，吃个桃子。"

古冶子一看，跳出来说："杀个老虎算什么，我曾经杀了黄河里一个大鼋，救了主公一命，你说我该不该吃个桃子？"齐景公说："当时若不是古将军，我早已葬身鼋腹了，古将军盖世奇功，饮酒吃桃，没什么问题。"晏子一听，赶紧给古冶子倒酒递桃。

这时，只见田开疆站在台下说："我曾经南征北战，杀敌无数，使诸侯震惊，推举主公为盟主，这个功劳不知大不大？"晏子连忙说："田大将军的功劳比公孙将军和古将军大十倍，只是桃子已经没有了，请大王赐给他一杯酒，等明年桃熟后再给将军桃子。"齐景公同意了。

田开疆一听，热血上冲，说："我功劳最大却吃不上桃子，反而在两位国君面前受这种侮辱，我还有什么脸面活在世上？"说完就拔剑自杀了。公孙捷大吃一惊，持剑说："我功劳小吃了桃，田君功劳大反而吃不上桃子，他死了，我又有什么脸面活在世上？"说完也自杀了。古冶子大声喊道："我们三人结为兄弟，他俩都死了，我活着也没什么意思。"也拔剑自杀了。

于是，齐景公命人以勇士之礼，厚葬了三人，晏子就这样巧妙地用计谋，消除了齐国即将发生的内乱。

义，本来是好的，但在这三位尚义的勇士身上却成了致命的缺陷，也就成了晏婴这样的智者解决问题的突破口。

三做深解

非常规性思维的妙用

如果领导者的思维方法都是沿着既成的模式和程序而进行思维活动，那就等于把自己的思维限制在狭小的天地里，抑制了自由创造的生机，使之缺乏创造性和灵活性，这与领导者所面临的时代使命是不适应的，因此，我们在改造常规思维（而不是抛弃）的同时，必须学会非常规性思维，这是因为：

第一，非常规思维是领导思维的一个必要环节。按常规办事，这是每一个领导者的愿望。但客观事物是复杂多变的，倘若一切都符合常规，大概也就不需要领导工作了。领导的职能就在于将复杂的每个个体统一为一个坚强的组织，并经历复杂的过程达到一种确定的目标。因此，仅仅依靠常规思维指导自己的工作，势必要多走一些弯路。相反，依靠非常规思维，冲破传统观念的束缚，从新的途径入手，常常能够摆脱领导思维的困境而发现科学的真谛。非常规性思维就是领导者能够全面发挥自己的智力潜能，敢于索异探怪，善于另辟蹊径，疑人所不疑，想人之未想，对熟悉的事物持陌生的态度，对陌生的事物持熟悉的态度，在"不可能"中寻找"可能"的途径，在"办不到"中下"办到"的功夫，从而改变正常的思维程序，凡事多做逆向思考，在"山重水复"之中，发现"柳暗花明"的境界。

领导者大智若愚、大巧若拙、大勇若懦，往往是非常规思维的外在表现。

第二，非常规性思维可以不断开创新局面。过去，在华北少数偏远的农村，村民做饭的灶间没烟囱，他们烧的又是柴草，灶坑冒出的浓烟久久地弥漫在屋子里。每做一次饭，做饭的人都被呛得咳嗽不止，泪水涟涟。久而久之，灶间的四壁被熏得如同锅底一般。但是，谁也不想去修个烟囱，改变一下这种状况。为什么呢？世世代代都这么过来了。在思维方式上，这是一种消极的"承继性"表现。像这样死死地抱住老祖宗的章程不放，还怎么能迈出前进的步伐呢？

从前，各国海军的舰炮都是安装在军舰的两舷，海战中，交战双方的军舰都是平行前进，因为这样能最充分地发挥自己的火力。几十年中，仗一直是这样打，谁也没想到改进。可是，英国海军统帅纳尔逊在与敌人作战时，却命令舰队垂直地向敌人进攻。他的想法是：垂直对敌，虽然能够发挥的火力较少，但是，自己暴露给敌人的"面"也最小。而且，自己的水兵炮打得比敌人准，这样，我可以击中敌人，而敌人却很难击中我。这次海战的结果，果然不出纳尔逊所料，他统率的二十七艘战舰，无一损失；而敌方的三十艘军舰，却被击沉了二十艘。纳尔逊的部下大为振奋，称纳尔逊的战法"真奇妙，真简单，真大胆，真管用！"

纳尔逊成功的关键，在于他冲破了思维方式上的"规范性"。在一般情况下，按规范办事并不错。但是，当原有的规范已经不适应变化了的新情况时，仍然图省事，照规范行事，就可能犯大错误，吃大亏。而且，任何规范都是针对一般情况讲的，它不可能包括事物的所有可能性，当出现了特殊情况，需要采取特殊的对策时，就要有冲破规范的勇气。一个称职的领导者，遇事要善于和敢于拿出自己的创见和办法，才能开创新局而。"随人作计终后人，自成一家始逼真。"

不敢进时就先退一步

▶▶ 领导警语

灾祸患难的到来，如同洪水猛兽一样可怕，逃到别的地方避开它就会大吉大利，不顾利害，迎头赶上就只有死亡了。（夫祸患之来，如洪水猛兽，走而避之则吉，逆而行之则亡。）

——《韬晦术》

进退有度是领导者必须掌握的成事智慧，表现在应变之道上就是当形势对自己不利时，要懂得避人锋芒，而当反击的时机一旦出现，能够一跃而起、勇往直前。

三国时，曹芳即位，是为魏明帝。司马懿和曹爽同执朝政。

司马懿是三朝元老，曾为曹家立过不少功勋，势力很大，羽翼众多，此次受托孤之恩，形势可谓举足轻重；曹爽是曹真的儿子，因皇亲国戚关系，自幼出入宫廷，很得明帝宠幸。他蓄养门客有五百多人，何晏、邓扬、李胜、丁谧、毕范、桓范等六人为智囊团，成立小组，参与机密。

一天，在商谈间，何晏对曹爽说："主公今日手握军政大权，正是施展抱负的时候，只可惜目前多了一重牵肘，无法专意推行，如不及时巩固势力的话，万一发生困难，不免噬脐莫及了。"

曹爽已知他话里意思，却说："司马公和我同受先帝之托，断不可令他难过的。"

何晏打蛇随棍上，进一步挑拨，说："不想想令先翁（即曹真）当年是给这老头气死的吗？"

曹爽一听，猛然省悟，心想这老头子既容不得老子，岂会放我在眼内？于是立即深入讨论，参谋会议的结果，曹爽便马上入宫去，奏知魏明帝，先把司马懿大赞一番，什么德高望重，老成练达，最后奏请把司马懿调做太傅。

按当时编制，太傅是掌理文官的，位于三公之列；太尉才执掌兵权。曹爽此计，是把司马懿明升实降，剥夺了他的兵权。

明帝准奏之后，兵权尽归于曹爽。曹爽立即换将领，委任自己的弟弟曹义为中领军，曹训为武卫将军，曹彦为散骑常侍，各管三千御林军，随便出入禁宫；又任用智囊团何晏、邓扬、丁谧为尚书，毕范为司隶尉，李胜为河南尹，军政大权，尽在曹爽控制之下。司马懿见此情形，只好推病不出，在家闲闷，两子司马师、司马昭亦没有事做。

曹爽骄横专权，气焰不可一世，连明帝都不放在眼内了。

适李胜升调为青州刺史，便叫他去司马懿处辞行，探听虚实。

司马懿知道曹爽的人来访，便对两个儿子说："这是曹爽要来打探我的动静，你们且回避。"

于是去冠散发，拥被坐在床上，诈称重病，叫侍女挽扶着，然后请李胜入见。

李胜拜见过后，说："一向不见太傅，谁想病到这般，今小子调仃王青州刺史，特来向太傅辞行。"

司马懿佯答："并州是近北方的，务要小心才可！"

李胜说："我是往青州，不是并州！"

司马懿笑着说："你从并州来的？"

"是山东的青州！"李胜大声说。

"是并州来的？"司马懿笑了起来。

李胜心想，怎么病得这么厉害？侍女告诉他："太傅已病到耳都聋了。""拿笔来！"李胜写了字给他看。

司马懿看了才明白，笑着说："不想耳都病聋了！"又把手指指口，侍女即给他喝汤，他将口去饮，又洒了满床，哽咽一番，才说："我老了，病又如此沉重，怕活不了几天了，我两个孩子又不成才，望先生训导他们，如果见了曹大将军，千万请他照顾！"说罢又倒在床上，喘息起来。

李胜拜辞回去，将情况报告曹爽，曹爽大喜，说："此老朽若死，我就可以放心了。"从此对司马懿再不加防范。

司马懿见李胜走了，告诉二子说："从此曹爽对我真的放心了，只待他出城打猎的时候，再给点厉害让他尝尝。"

不久，明帝要去城外拜祭祖先，大小官员随行，曹爽等一伙亦护驾前往。

司马懿立即召集昔日部下，率领家将，令二人占领了武器库，威胁太后，下旨封闭各城门。

然后，他亲自引兵出城，占据了曹爽的军营，削除曹爽羽翼，然后限令曹爽把兵权交出来。等到恢复秩序之后，再把曹爽及其党羽统统处斩。

纵观司马懿的作为，可以说真正做到了退如秋风之落叶，让人不复为怀，进如急风暴雨，把一切障碍都予摧毁。能拥有这样的智慧，什么样的变化岂不都尽在掌握之中？

 **三做深解**

好汉宁吃眼前亏

当一个人实力微弱、处境困难的时候，也就是最容易受到打击和欺侮的时候。在这种情况下，人们的抗争力最差，如果能避开大劫也算很幸运了。假如此时面对他人过分的"待遇"，最好是"退一步海阔天空"，先吃一下眼前亏，立足于"留得青山在，不怕没柴烧"，用"卧薪尝胆，待机而动"作为忍耐与发奋的动力。

当然，这里我们所说的吃眼前亏，应把握好以下行为界限：其一，目的应该是为了渡过难关，克服别人给你制造的麻烦，以免影响你的正事；其二，这种信念所针对的麻烦应是对抗性的矛盾和冲突，而不是那些鸡毛蒜皮的小事；其三，这种信念的价值就在于以暂时之吃亏换取长久的利益。

韩信忍胯下之辱而图盖世功业，成为千秋佳话。假如，他当初为争一时之气，一剑刺死羞辱他的屠夫，按法律处置，则无异于以盖世将才之命抵偿无知狂徒之身。韩信深明此理，宁愿忍辱负重，也不愿争一时之短长而毁弃自己的长远前程。

这样的忍耐，不是屈服，而是退让中另谋进取；不是逆来顺受、甘为人奴，而是委小屈求大全。一旦时机到了，他就能如同水底潜龙冲腾而起，施展才干，创建功业。

所以说，吃"眼前亏"是为了不吃更大的亏，是为了获得更长远的利益和更高的目标。"忍之所不能忍，方能为人所不能为。"看似英勇、心气冲天的人其实是莽夫一个；而为了长远利益忍气吞声、宁吃眼前亏的人才是真正的好汉。

抄近路要找到最好走的那一条

▶▶ 领导警语

成就大事业的人，一定从长远考虑，从近处入手。预见到事物的发展，并且善于筹划。（宜远图而近取。见先机，善筹划。）

——《权谋残卷》

在为官之路上，谁都希望能抄近路、走捷径。但任何好事都有其坏的一面，近路既然不是常人所走的路，必然布满荆棘和陷阱，稍不留神就可能被刺伤，甚至掉进陷阱里再也爬不上来。所以说近路不是不可以抄，前提是要有分辨哪里有荆棘、哪里有陷阱的智慧。

蔡泽，燕国人。曾经在各地游学，拜访大大小小的诸侯很多，但却没有遇到机会。

他离开燕国前往赵国，被驱逐。又到韩国和魏国去，在路上碰到强盗，炊具被抢走了。他听说应侯保荐的郑安平、王稽都在秦国犯了大罪，应侯内心惭愧，于是就向西来到秦国。

他想进见昭王，就让人传话去激怒应侯。说："燕国游客蔡泽，是天下见识高超、长于辩论的才智之士。只要他一见到秦王，必定会使秦王为难您，进而夺取您的职位。"应侯听了说："五帝三代的事情，百家的学说，我都熟悉。众人的辩论，我都能攻破他们。这个人怎么能为难我，从而夺去我的职位呢？"于是派人把蔡泽召来。蔡泽进来，只向应侯拱手作揖。应侯本来就不高兴，等到与他见面，看到他这种傲慢的态度，便斥责他说："你曾经扬言要取代我当秦国的宰相，有这回事吗？"蔡泽回答说："有的。"应侯说："让我听听你的高见。"

蔡泽说："如果像秦国的商君、楚国的吴起、越国的大夫文种他们那样的不幸结局，您愿意吗？"应侯知道蔡泽想使自己词穷受窘来说服自己，便又诡辩说："这有什么不可以的？公孙鞅侍奉秦孝公，终身没有二心，他尽忠国家而不顾私己。制定刑法来禁止奸邪，立信赏罚来实现统治，他推心置腹，坦露真诚，忍受怨恨，虽然欺骗了密友，活捉了魏公子卬，却安定了秦国，有利于百姓，最后替秦国破敌虏将，开拓了千里的疆域；吴起侍奉楚悼王，使私情不得妨害公事，使谗言不能壅蔽忠良，不听信苟且附和的话，也不采取苟且求荣的行为，不因为有危险而改变自己的行动，执行正义，不回避灾祸，这都是为了要使君主称霸，国家强盛，所以不躲避任何灾祸凶险；大夫文种侍奉越王，虽然君主处于困境，遭受凌辱，他还是竭尽忠诚而不懈怠，虽然君主将要绝代亡国，他还是竭尽所能全力辅佐而不离开，等到事业成功了，他又不骄傲自夸，富贵以后，也不骄傲怠慢。像这三个人的表现，本是节义的准则，忠贞的典范啊！所以君子为了大义死难，就会视死如归，因为与其活着遭受羞辱，倒不如光荣地去死。士人本来就有牺牲生命来成就自己的名节的，只要是有大义存在，即使是死去也毫不悔恨。又有什么不可以呢？"

蔡泽说："君主圣明，臣子贤良，这是普天下最大的福气；君主英明，臣子正直，这是国家的福气；父亲慈祥，儿子孝顺，丈夫诚实，妻子贞节，这是家庭的福气。所以比干忠诚，却不能保存殷朝；子胥聪明，却不能保全吴国；申生孝顺，却使得晋国大乱。这些国家都有忠臣孝子，可是它们或灭亡或混乱的原因是什么呢？就是因为没有圣明的君主和贤德的父亲去听取他们的意见，所以天下人都把他们的君主、父亲视为耻辱，而怜悯他们的臣子和儿子。如今看来，商君、吴起、大夫文种作为臣子，他们的所作所为是对的；而他们的君主对待他们的做法是错的。所以世人说他们三人能够建功立业，但得不到好报。难道他们真会希望这样不遇明主而死吗？如果要等到死后才可以立忠成名，那么微子也就不配称为仁人了，孔子也就不配称为圣人了，管仲也就不配称为伟人了。一个人建立功业，难道不希望功成名就吗？如果性命和功名都能俱全的，这是上等；功名可供后代效法，而性命不能保全的，这是次等；声名蒙受耻辱而性命得以保全的，这是下等。"应侯认为蔡泽说得对。

蔡泽稍稍抓住了一点空子，趁机说："商君、吴起、大夫文种，他们作为臣子，能竭尽忠诚，建立功业，当然值得羡慕。但是像闳夭侍奉周文王，周公辅佐周成王，难道不也是十分忠心而且德行高尚吗？从君臣关系上说，商君、吴起、大夫文种与闳夭、周公，您更愿意效法谁呢？"应侯说："商君、吴起、大夫文种比不上闳夭、周公。"蔡泽说："既然这样，那么您的主上慈善仁爱，任用忠良；用淳厚的态度，善待旧臣；他贤能明智，跟有才德的人建立如胶似漆的关系；确守道义，不背弃功臣。

在这些方面跟秦孝公、楚悼王、越王相比，怎么样呢？"应侯说："不知道会怎么样？"蔡泽说："现在您的主上亲近忠臣，比不上秦孝公、楚悼王、越王。您施展聪明才智，能够为主上安定危局，修明政治，平定乱事，增强兵力，排除祸患，解决困难，扩展疆土，发展农业，使国家富强，使百姓富裕，增强了主上的权威，提高国家的地位，宗庙名声显赫，天下没有谁敢于欺骗犯逆您的主上，使您的主上声威震慑海内，功业传扬到万里之外，声名光辉流传万代，您跟商君、吴起、大夫文种相比，怎么样呢？"应侯说："我比不上他们。"蔡泽说："当今您的主上在亲近忠臣、不忘老臣方面比不上秦孝公、楚悼王和越王勾践，而您在功绩和君主对您的宠爱、信任方面又比不上商君、吴起、大夫文种，可是您官高禄厚，私家财产又超过他们三人。如果您这时还不隐退，恐怕祸患会比他们三人更严重，我替您感到危险。俗语说：'太阳正中就要偏斜，月亮满圆就要亏缺。'事物发展到了顶点就会衰落，这是天地间普遍存在的规律。能够随着时势变化而进退伸缩，这是圣人应遵循的常规。所以，'国家政治清明就出来做官，国家政治混乱就隐居起来。'圣人说：'明君在位，利益体现在做官的人身上。''干不正当的事而得来的富贵，对于我来说，就好像天上的浮云一样。'现在您的怨仇已经报了，别人给您的恩德已经报答了，心愿已经实现了。可是在这时您还是没有应变的打算，我私下里觉得您这样实在不可取。"蔡泽又说："现在您担任秦国宰相，献计策不必离开座席，定谋略不必走出朝堂，坐在那里就能控制诸侯各国。开拓三川之利来充实宜阳，截断羊肠坂道的险塞，阻塞太行山的道路，封锁三晋地区的交通，使六国不能合纵抗秦。又修筑绵延千里的栈道，直通蜀郡和汉中，使天下诸侯各国都畏惧秦国。秦国的欲望实现了，您的功劳也就达到顶点了。而这又正是秦国分功的时候。此时如果还不隐退，那么就会落得商君、白起、吴起、大夫文种一样的下场。我听说：'用水来照，可以看出自己的面容；拿人来照，可以推知自己的吉凶。'《书经》上说：'在成就功业的地方，不可久留。'如果像他们四人一样的灾祸来临，您将要怎样承受呢？您为什么不趁这时候交还相印，让给贤德的人，自己退隐山川岩穴。这样，就一定会享有像伯夷那样廉洁的美名，可以长久享受应侯的爵位，世世代代继承下去。而且还会有许由和延陵季子的谦让的美名，像王子乔和赤松子一样长寿。这跟因遭受灾祸被杀相比较，您选择哪一种呢？如果您舍不得自己离开相位，犹犹豫豫不能决断，就必定会有他们四个人那样的灾祸。《易经》上说：'高空上的龙也有后悔的事。'这就是指那些能上而不能下，能伸而不能屈，能进而不能退的人啊！希望您仔细考虑这件事。"应侯说："好。我听说'有了欲望而不知道限制，就会失去所有的欲望；已经享有了而还不知道满足，就会失去自己已经享有的东西。'幸蒙先生指教，我恭敬地接受您的意见。"于是就请蔡泽入座，尊他为上宾。

几天以后，范雎入朝，对秦昭王说："有个新近从山东来的客人名叫蔡泽，这个人是个辩士，明察三王五霸的事业，通晓世俗的变化，秦国的政事完全可以托付给他。我见过的人很多，没有谁能比得上他，就连我也不如他。我大胆地向您禀告。"秦昭王就召见了蔡泽，跟他交谈后，十分高兴，任命他做客卿。应侯借机称病请求交还宰相印信。昭王强行挽留应侯，应侯就说病得很重，于是范雎被免去了宰相的职务。昭王一开始就赞赏蔡泽的谋划，就任命他为秦国的宰相，向东收服了周朝。

蔡泽担任秦国宰相几个月后，有人说他的坏话，他害怕被杀，就托病交还宰相印信，赐号为"纲成君"。蔡泽在秦国居留了十多年，侍奉过昭王、孝文王、庄襄王，最后侍奉秦始皇，曾替秦国出使燕国。

要依靠贵人却要先激怒他，要代替权臣的职位却要让他亲自推荐自己，蔡泽独特的思路取得了同样惊人的效果，智者的智慧实在是一般人难以捉摸的。

三做深解

别出新招方能找到捷径

别出新招是指用不同于其他人的办法来应付事变的策略。别出新招与奇正互变不同，奇正互变只是正法和奇法交错使用，而别出新招则全在于新奇。

相传，中国谋略家的鼻祖吕尚（姜子牙），在怀才不遇之际，就是用别出新招，引得西伯侯姬昌（周文王）的注意，成为其膀臂，以展宏才，辅佐周武王兴周灭纣。吕尚的先世曾为贵族，后来社会动乱，家道中落。年轻的吕尚勤苦向学，有经天纬地之才。由于他是从上流社会沦落下来的，饱尝了民间的疾苦，对世事洞若观火，故而立志救民报国，然而纣王无道，报国无门，潦倒了半生。吕尚虽年事已高，但仍壮心不已。当他听到西伯昌囚禁朝歌时，食子肉而无怨言，便认定西伯昌怀有大志，因此决定追随西伯昌，以展平生所学。于是，就在纣王放走西伯昌不久，吕尚也悄悄逃出朝歌，隐居到周都附近。一天，吕尚在渭水之滨的兹泉垂钓，恰好西伯昌到这一带打猎。西伯昌此时还不认识吕尚，但吕尚却在朝歌见过西伯昌，为了引起西伯昌的注意，吕尚故意把鱼钩提离水面三尺以上，钩上也不放鱼饵。这就是所谓"姜太公钓鱼，愿者上钩"。果然，西伯昌觉得奇怪，便走上前想问个究竟。吕尚一番高谈阔论，使西伯昌为之折服。西伯昌当即请吕尚"助我匡扶天下，以救万民"。回宫后，又拜吕尚为太师。吕尚从此成为辅弼重臣。

需要指出，别出新招不是异想天开、胡思乱来，特别是在领导艺术中，违背事物发展规律的别出新招，只能是哗众取宠，是不会收到持续的效果的。

摆脱困境要善用奇招

▶▶ 领导警语

偷梁换柱，移花接木。运用偷换的手段，使祸端在无形之中就消除了。（偷梁换柱，移花接木。妙手空空，弥祸患于无形。）

——《智囊》

人人都有陷入困境的时候，或遭人构陷或犯了禁忌，或闯了祸端，领导者的身份和环境决定了他摆脱困境的方法只能以智而不能用力。

明朝时，一位巡按地方的御史大人病了好几天，他闭门谢客，看望他的人都被挡了驾。没有人知道他得的是什么病。

有位教谕去看御史，这回他没有被挡驾，反而被客客气气地请到了里面。

御史亲自迎接他，请他落座。教谕见御史面带愁容，心里明白了几分。

"大人哪里不舒服？"教谕问。

御史指了指胸口。

"大人得的是心病吗？"教谕又问。

御史叹了口气：

"正是心病。我听人说，你有奇才，我也就不瞒你了。只是你听了，千万为我出个主意才好！"

原来，这位御史弹劾过一个县令，县令就秘密派自己的一个娈童去服侍御史。御史很喜欢他，对他百依百顺，不加提防。结果，几天之前，那个娈童和御史的大印同时不见了，只剩下装印的竹箱。御史想来想去，认定是那位县令干的，以此来报复他。但没有证据，更不敢声张。于是，他就只有称病不去办公了。

"这件事只能瞒得了一时，一旦用印，就难以掩盖了。"说到这里，御史脸上的愁云更重了。

教谕听了，点点头。御史宠信娈童，固然不好，但那个县令却更加可恶。这种小人，如果让他得逞，以后不知还会干出什么来。

他对御史小声说了一会儿，就告辞了。

到了半夜，御史的后院突然起火，火光冲天，照亮了半个夜空。郡县的官员听见御史家里失火，都赶了来救火。御史把重要的东西从房里搬出来，依次交给官员们。他看见县令，就把一个竹箱交给他：

"这是大印，请替我保管好！"

说完，他转身就走。

大家一齐努力，火很快就扑灭了。原来，这把火是御史吩咐人在后厨房里放的，并没有造成什么损失，只是虚惊一场。

大家把御史交给他们的东西还给御史。县令也把放印的竹箱还给御史。御史打开一看，顿时喜上眉梢：那颗印就在箱子里面。

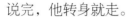

三做深解

奇正互变攻其必救

那位教谕为御史收回大印的办法可谓巧妙之极，妙就妙在绝不正面强索，因为既然他有备而为，在空口无凭的情况下强索也是徒劳，而是采取夺气攻心术，让你乖乖就范、一点脾气都没有。《孙子兵法》云："攻心为上，攻城为下；心战为上，兵战为下。"夺气攻心，历来都被人们认为是最具远见的上等谋略，它在应付远虑中发挥着重要的作用。

楚汉战争结束后，汉高祖刘邦剖符分封故旧亲信中的有功之臣20多人，未被分封的大臣议论纷纷，争功不休，每天都有人在上朝时三五成群窃窃私语。国基初奠，需要安定团结，人心动荡，不是祥兆，如何应付这一局面？刘邦问计于张良。张良建议刘邦封与高祖有旧怨且多次立功的雍齿为侯，以示群臣，安定人心。刘邦采纳了张良的提议，封雍齿为什邡侯，然后敦促丞相、御史，尽快计功封赏诸将，诸将见雍齿都能被封，都很高兴，人心浮动的现象再也看不到了。张良略施夺气攻心小计，不仅纠正了刘邦任人唯亲、徇私行赏的弊端，而且轻而易举地缓和了矛盾，收服了人心，稳定了大局。这种安一仇而坚众心的权术，受到后世许多政客的欣赏。

　　对于领导者而言，夺气攻心的妙用在于，因为对方的气已夺，心一旦被"攻"，就会死心塌地，不复有怨言。因此，这是一种可保无后顾无忧的高明的领导智慧。

▶▶ 第七章　明好坏

-- ▶▶

识人用人是领导者必备的基本能力

做局，说到底还是如何把各种人才的能量调整到最佳的领导学问。领导贵在用人，用人贵在识人。识人用人，是谁都懂得的道理，但无数失败的教训告诉人们，要做得好实在并不容易。识人用人的关键在于一个"明"字：明真假、明是非、明优劣。做到了"明"，也就等于找到了一把开启识人用人之门和做局之门的钥匙。

要有一双识珠的慧眼

▶▶ 领导警语

得到人才的方法在于了解人，了解人的方法在于看他是否名

副其实。如果君主、宰相具有了解人的才能，朝廷有循名责实的
措施，那么管理文书的小吏和衙役中都有人才，更何况专门培养、
选拔人才的学校和贡院呢？（得人之道在于知人，知人之法在于
责实。使君相有知人之才，朝廷有责实之政，则胥吏皂隶未尝无
人，而况于学校、贡举乎！）

——《经进东坡文集事略》

领导者做事要靠一批有能力的人才的帮助，但是到底谁是真正的人
才却并不那么容易判断，这就需要领导者有一双慧眼，能识别哪一颗才
是真正的宝珠。

南宋大将岳飞就是被宗泽于泥土之中拣出的一颗宝珠。

岳飞是相州汤阴（今河南汤阴县）人，字鹏举。岳家世代为农，生
活比较贫苦。在艰苦的环境中，岳飞磨炼成了刚毅顽强的性格。岳飞自
幼好读史书，尤其是特别喜欢读孙、吴兵法。因此，古代军事家的战略
思想使岳飞受到极为深刻地影响。到了青年时期，岳飞长得体貌雄健，
能拉满 300 斤的劲弓，而且善于骑射，左右开弓，技术也在众人之上。
靖康元年（1126），金军入侵中原，直趋北宋京都东京（今河南开封），
北宋皇帝宋钦宗便封康王赵构为兵马大元帅，封抗金名将宗泽为副元
帅，并令他们带兵入援京师。赵构部下刘浩在相州招募兵士，于是，岳
飞便投靠刘浩军队，并很快被提拔成为一名下级军官。

靖康二年（1127），宗泽率领部队转战开德府，接连同金军大战 13
次，均取得了胜利。在一次两军对阵交战过程中，岳飞见金军两个旗手
在阵前摇旗呐喊，鼓动厮杀，便立即弯弓搭箭，两发两中，人倒旗落。

顷刻间，敌军乱成一团，岳飞率军乘势发起攻击，金军死伤无数，溃败而逃，岳飞获胜，并缴获了大量兵器。不久，宗泽又率领部队分兵北上。岳飞所率一部在北上途中与金军在曹州（今山东菏泽）相遇。金军凶猛扑来，岳飞身先士卒，冲锋陷阵，与金军展开激战。由于岳飞英勇顽强，指挥得力，士卒个个拼命同敌战斗，最后大获全胜。

经过开德、曹州两次大战的胜利，宗泽对岳飞的英勇善战非常钦佩。有一次，宗泽把岳飞召去说："你的英勇与智谋，武艺与才气，就是古代的良将也不能超过你，但是只擅长野战，还不是万全之计。"宗泽非常喜爱岳飞的才华，因此，有意对其栽培，使其了解、精通更多的作战方法，于是便送给岳飞一张作战的阵图。岳飞接过阵图仔细看了以后，便对宗泽说："古今时代不同，平地和山险不同，怎么能依一定的阵图用兵？"宗泽反问道："像你这样讲，阵法岂不是没有作用了？"岳飞回答说："列阵而后战，乃兵家的常规，但其运用之妙，却存乎一心。"宗泽听了岳飞的议论，心中十分佩服，认为岳飞是一个很了不起的人才。

南宋建立后，岳飞向皇帝高宗赵构多次上书，要求北上抗金。但是，宋高宗却认为岳飞官小职微，越职上奏，便把他革职。然而，岳飞抗金报国之心毫不动摇，于是便投奔张所，被任为武经郎，充中军统领，在都统制王彦部下当偏裨将。岳飞随同王彦渡过黄河抗金，因为岳飞同王彦的意见有分歧，便脱离了王彦去投奔宗泽。这时，宗泽已调任东京留守。岳飞到东京后还未见到宗泽，就被王彦的部下捉住，正当王彦要按军法处斩岳飞时，宗泽正好赶来，并发现王彦将要处斩的人就是在开德、曹州大捷中建立奇功的岳飞，立即让王彦将其当场释放，并留军前听用。不久，抗金前线传来急报，说金军又要进攻汜水关（今河南汜水镇西），宗泽立即命令岳飞率 500 名骑兵出征迎敌。岳飞接受命令后星夜兼程赶到前线，他身先士卒，英勇善战，奋力杀敌，经过激战，大败金军，胜利凯旋。宗泽立即擢升岳飞为统制官，成为统率千军万马的高级将领。

宗泽慧眼识奇才，而岳飞也没有辜负宗泽的提挈与期望，建立了抗金的奇功异勋。宗泽去世后，岳飞随从杜充南下。建炎三年（1129），金兀术率金兵渡江南侵，杜充弃城投降金兵。岳飞在广德、宜兴一带坚持抵抗。次年，金军被迫北撤。岳飞乘机率军袭击金军后队，收复建康（今南京），并被提升为通泰镇抚使。绍兴二年（1132），任承宣使、湖北路、荆、襄、潭州制置使，屯兵噪州（今武昌）。他率领的军队纪律严明，战斗力强，有"撼山易，撼岳家军难"之说，使金兵闻风丧胆。

如果说岳飞是一颗宝珠，那么，只有被宗泽的一双慧眼所赏识，它才有了大放光芒之日。

三做深解

掌握辨识人才的学问

领导工作说到底就是做人才的工作。

世间一切事物中，人是最宝贵的。一切社会活动中，人是决定的因素。说到人，你也许会说，太简单了，连三岁的孩子都知道，人有眼睛、鼻子、嘴巴、手脚，立着走路，躺着睡觉……然而，这种认识太浮浅了。

茫茫人海，芸芸众生，人才各不相同，每个人才都是完整的世界，在现今生活中，要和每个具体的人才接触，必须学会认识、识别每一个实实在在的人才：

（1）要客观地看人才

识才最忌主观成见，戴"有色眼镜"。"疑人偷斧"使无辜者遭嫌，而"情人眼里"的"西施"并非肯定是绝代佳人。浓厚的主观色彩往往造成情感上的误差，遮掩或扭曲人才的真实形象。

（2）要全面地看人才

"盲人摸象"，把局部当成了整体，犯了片面性的错误。识别人才切不可像"盲人"一样，以偏概全。看才识才要顾及德、才、学、识各个方面，而各个方面都要坚持一分为二。

（3）要历史地看人才

世上没有常胜将军，智者千虑，必有一失。不能凭一时一事定终身。现在犯了错误，要看过去的一贯表现，过去犯过错误，更要重在现实表现。

（4）要发展地看人才

"真理是时间的女儿"。人才总是在变化，特别是正在成长发育的青年人才，可塑性强，变化潜能大，更不能一看到底。路遥知马力，日久见人心。大诗人白居易将其概括为："试玉要烧三日满，辨材需待七年期"，体会更深。

（5）要从大节上看人才

孔子主张："赦小过，举贤才"，就是说要从大的方面识才，这很有道理。人才的优劣，要看大德，看在大是大非面前的态度，要坚持以德率才。

（6）要从本质上看人才

识别人才不仅要用眼和耳，重要的是要用脑，透过表面现象，认真分析，去伪存真，才能识别"庐山真面目"，对"疑似之迹，不可不察"。

（7）要从长处上看人才

"金无足赤，人无完人。"每个人才都有优点和缺点，而优点和缺点又具有"共向性"，二者往往相伴而行，峰高谷深，峰谷并存，勇于开创往往"自尊自负"，好学深思往往"孤僻离群。"

识人才要从两方面看，特别要抓住人的长处，才会准确无误。之后，应该是安排适合他们特点的工作，以发挥他们的专长。

标准明确方能用对人

▶▶ **领导警语**

执政处事的关键，在于得到人才，如果任用的人没有才能，那么必定难以达到使国家长治久安的目的。自今以后，凡是选拔、任用官员时，都必须用品德和学识作为衡量人才的标准。（为政之要，唯在得人，用非其才，必难致治。今所任用，必须以德行、学识为本。）

——《贞观政要》

需要什么样的人才？以什么标准选拔人才？对这个问题领导者必须做到心中有数。只有标准明确，才能找到最有用处的人，才能最大限度地做到以人才促进事业的发展。

汉献帝建安十五年（210）春，曹操下达第一道《求贤令》：

自古受命及中兴之君，曷尝不得贤人君子与之共治天下者乎！及其得贤也，曾不出闾巷，岂幸相遇哉？上之人求取之耳。今天下尚未定，此特求贤之急时也。"孟公绰为赵、魏老则优，不可以为滕、薛大夫。"若必廉士而后可用，则齐桓其何以霸世！今天下得无有被褐怀玉而钓于渭滨者乎？又得无有盗嫂受金而未遇无知者乎？二三子其佐我明扬仄陋，唯才是举，吾得而用之。

曹操在这道命令中明确提出了"唯才是举"的口号，不仅是为了改变东汉后期选举制度的弊病，而且是为了矫正自己政权中前一阶段在选拔官员标准上的偏差。曹操在统掌朝政大权后，委任崔琰、毛玠主持官吏的选拔与任用，崔琰与毛玠以清廉正直著称，"其所举用，皆清正之士，虽于时有盛名而行不由本者，终莫得进。务以俭率人，由是天下之人莫不以廉节自励"。朝廷之中，廉俭之风大行，贪秽浮华之人都被贬退。但他们过于看重廉洁俭朴，从而使许多官员矫情作伪，假意旧衣破车，以求升迁。同时，用这单一标准来进行选拔，就会将一些确有才干的人排除在外。因此，当有人向曹操提出这一问题后，曹操就下达这道命令，特别指出"今天下尚未定，此特求贤之急时也。"并以齐桓公任用管仲而成为春秋时期五霸之首的事例说明选拔官吏的首要条件是才干，只要确有才干，无论他是地位低下还是有某一方面的缺陷，都要推荐上来。

建安十九年，刘备入据益州，三国鼎立的局势已基本形成，曹操并未因自己占据中原，在政治、经济上都有明显优势而稍有松懈，仍以招揽贤才作为首要任务，在这年的十二月下达《敕有司取士勿废偏短令》：

夫有行之人，未必能进取，进取之人，未必能有行也。陈平岂笃行，苏秦岂守信邪？而陈平定汉业，苏秦济弱燕。由此言之，士有偏短，庸可废乎！有司明思此义，则士无遗滞，官无废业矣。

曹操在这道命令中明确指出德行与才干并不是统一的，而且再次提到上次《求贤令》中已谈到的"盗嫂受金"的陈平，认为陈平虽然品行不正，但他辅佐刘邦建立汉朝的基业，功不可没。因此，曹操命令有关部门不能求全责备，不要埋没那些有缺点的贤才。在看到曹操求贤是扩大自己统治力量的同时，也应看到这是他削弱并控制反对力量的方法，将那些有才干的人用官爵羁縻在朝廷中，就可减少反对自己的隐患。这比单纯用打击的方法来消灭敌对势力，显然要高出一筹。

建安二十二年，曹操已是六十三岁，在前一年已被晋爵为魏王，这年四月，献帝又命曹操"设天子旌旗，出入称警跸"。但他仍壮心不已，志在统一天下，连年出师征讨，同时，也更迫切的需求贤才，于这年八月，下达《举贤勿拘品行令》：

昔伊挚、傅说出于贱人，管仲，桓公贼也，皆用之以兴。萧何、曹参，县吏也，韩信、陈平负污辱之名，有见笑之耻，卒能成就王业，声著千载。吴起贪将，杀妻自信，散金求官，母死不归，然在魏，秦人不敢东向，在楚，则三晋不敢南谋。今天下得无有至德之人放在民间？及果勇不顾，临敌力战；若文俗之吏，高才异质，或堪为将守；负污辱之名，见笑之行，或不仁不孝，而有治国用兵之术；其各举所知，勿有所遗。

曹操在这道命令中再次重申自己"唯才是举"的方针，并指出无论是伊挚、傅说那样出身贫贱之人，管仲那样的旧敌，萧何、曹参那样的小吏，韩信、陈平那样身遭污辱并受人耻笑的人，甚至像吴起那样不仁不孝的人，只要有治国用兵的才干，就要加以任用。充分表现出他的雍容大度以及不拘一格，求贤若渴的心情，同时，也反映出他与东汉时期用人传统的完全决裂。

　　曹操不仅用命令形式提出"唯才是举"的方针，实践中也确实贯彻了这一方针。他不仅任用荀攸、钟繇、陈群、司马懿等大族名士，也同样信任有"负俗之讥"的郭嘉，简傲少文的杜畿等人。而且曹操能以大业为重，不念旧恶，如张绣在归降后又起兵突袭，杀死曹操的长子曹昂、侄子曹安民以及爱将典韦，但以后张绣来降时，曹操捐弃前嫌，对他的宠遇优于诸将。陈琳曾为袁绍撰写檄文，痛斥曹操罪行，并辱及曹操的父亲与祖父，可陈琳归降后，曹操爱惜他的文才，不仅未加惩处，还委派他掌管文书往来。史称曹操"知人善察，难眩以伪，拔于禁、乐进于行阵之间，取张辽、徐晃于亡虏之内，皆佐命立功，列为名将；其余拔出细微，登为牧守者，不可胜数"。所以，曹操身边猛将如云，谋臣如雨，在当时各割据政权中，得贤士最多。正是在这些谋臣、猛将的辅佐下，曹操才能扫平群雄，统一北方，从而奠定了曹魏政权的基础。

　　曹操以奸雄著称，在用人上这种奸是一种顺应时势的奸，不是每一个领导者都能做到的。

三做深解

和平时期的人才应德、量、才兼备

　　曹操在战乱之时"唯才是举"无疑是明智之举，而在和平时期如果照猫画虎可能就不合时宜。和平时期识人用人标准有三，一曰德，二曰量，三曰才。所谓德者，刚健无私，忠贞自守，非庸庸碌碌，无毁无誉而已。所谓量者，能受善言，能容贤才，非包藏隐忍、持禄保位而已。

所谓才者，奋发有为，应变无穷，非小慧辩捷，圆熟案牍而已。备此三者，然后胜股肱之任。也就是说，在通常的情况下，我们强调德应重于才，但在这前提下，又要注重量与才的问题。坚持德量才三者的统一。

要评估人，无非德才两者。德的内涵包括个人品质、伦理道德、政治品德；才指才智、才干，才华，等等。人才有两种类型，一种是学问型，一种是事业型。而人才的形成是靠知识和经验的积累。因此，德才兼备的人的成长需要不断地学习和实践。

要发现人才，主要是根据其德才的表现。但要认识人则需要时间的考验。如人的政治品质，平时难看出什么问题，在非常时期则好坏分明，古代的忠臣义士大都是在危难时刻涌现的，所以，有人将之总结成一句格言：疾风知劲草，板荡识忠臣。才能也需要考验，有些人能说会道，在实干时却很窝囊；有些人平时默默无闻，但在实践中却才能毕露。

用人以德才兼备最好，但在大量需要人才的时候，只能以掌握现有的人才资料，按其德才而任用。古代英明之主驾驭人才，是待之以诚，纠之以法，赏功罚罪，使之向上，不敢为非，这是爱护、培养，发展人才的根本法，至今仍很值得借鉴。

使用人才要搞好平衡和搭配

▶▶ 领导警语

有的官员是才臣，有的官员是能臣，世上之人常常把"能"

当作"才",这是不对的。小事不糊涂叫做"能",大事不糊涂叫做"才"。才臣疏忽枝节问题,往往不善于处理琐碎事务;能臣却又只清楚身边的事务,不能处置重大事变。只有让才臣担任朝廷重要职务,让能臣受他们指挥,这才是两全其美的方法。(有才臣,有能臣,世人动以能为才,非也。小事不糊涂之谓能,大事不糊涂之谓才。才臣疏节阔目,往往不可小知;能臣又近烛有余,远瞰不足,可以佐承平,不可以胜大变。夫惟用才臣于庙堂,而能臣供其臂指,斯两得之乎!)

——《魏源集·默觚下·治篇七》

手下人,尤其能人多了,就容易产生矛盾。既然是矛盾就可能影响工作和事业,对此管人者既要有正确的态度,又要有合理的处理办法。硬去化解可能于事无补,最多表面上有所收敛;不闻不问甚至忽略矛盾的存在则可能导致重大失误。

东汉建安二十年(215)三月,魏王曹操率大军西征汉中,攻伐张鲁政权。当时东南孙权势力正盛,魏军西移,中部稍弱,极有可能遭到孙权背后袭击。魏与东吴交界最直接的关津重镇是合肥,留下谁镇守合肥至关重要。合肥孤悬无援,专任勇将则必然好战生事,导致危患;若专任怯战避阵之人,则必然导致众心畏惧,涣散失守。敌众我寡,对方必然轻敌贪堕,若命猛将给予致命攻击,势必取胜;胜则必要有稳重善守者坚守,才是上策。曹操想起了张辽、乐进、李典三人组成的"黄金搭配"。

张辽、李典在当时是魏军中著名的勇将,骁勇无敌,身经百战,而乐进则身材短小，富于胆略，曾跟随曹操攻打吕布、袁绍，曹操深知他刁钻多谋，稳重可信。早在建安十一年，曹操就上表给汉献帝，称扬乐进与张辽、于禁，说他们"武力弘盛，计略周备，忠诚守节，每次交战，都亲自督率，奋突强敌，无坚不摧，手秉战鼓，身先士卒。派他们率将别征，都抚众结人，举令无犯，临敌制决，少有差失。论功纪用，应当各显功名"。于是于禁被封为虎威将军，乐进被封为折冲将军，张辽被封为荡寇将军。

现在曹操临西征前命张辽、乐进、李典共统领七千余人屯驻合肥，但是张、乐、李三人平素就关系不好，于是曹操给护军薛悌留下函札一封，在函旁署签说："敌人来攻城时才可开启。"不久孙权率十万大兵包围了合肥，于是魏军守将们共同打开曹操的书函，上面写着："如孙权来攻，张、李二位将军出战，乐将军守城，护军（薛悌）不要参与作战。"诸位将军都很疑惑，张辽说："主公远征在外，等待他的援兵到来，孙权一定早攻破了我们。所以他指教我们趁敌人未立足时出击，冲击敌人的强盛气势，以稳定兵众之心，然后才可以守城。成败之机，在此一举，诸位还疑惑什么？"张辽担心与他不和睦的李典不肯出战，李典慨然说："这是国家大事，只不过看你怎么对待了，我难道会因为私人之憾而忘了天下大义吗？"于是率众与张辽一起出战。

于是张辽趁天黑招募了八百多位敢死之士，杀牛招待他们，准备第二天大战。天刚亮，张辽披甲执戟，先冲入敌阵，杀死数十个敌兵，斩杀对方两员将领，大呼自己的姓名，冲破敌方重围，直奔孙权的旗帜之下。孙权大惊，周围的人不知所措，退避到高坡之上用长矛自卫。张辽叱喊孙权下来交战，孙权不敢动一步，望见张辽所带的人马很少，又把张辽围了几圈。张辽左冲右突，向前直冲，很快冲破包围圈，张辽旗下的几十个人才得以突围，其余仍被包围的人喊："将军扔下我们不管了吗？"张辽又冲入重围，把他们解救出来。孙权的人马都望风而倒，无人敢抵挡。从早晨战到中午，吴军气势被抑制，回寨加强了守备，大家才心安，诸路将领都对张辽折服。

孙权包围合肥十余日，攻不下城池，于是引兵而退。张辽率兵追击，几乎又擒获孙权。曹操得报后，极为佩服张辽等人的壮勇，拜张辽为征东将军。曹操、曹丕父子对合肥之战都评价极高，曹丕在黄初六年（225）追念张、李等人功绩时说："合肥之役张辽、李典以步兵八百人破敌十万，自古用兵从未有过。使敌人至今夺气丧志，可称得上国家的栋梁啊。"

历来兵家都钦服曹操用人有术，选将时掺杂异同，平衡互补，并留下密计以节制遥控战场，事情发展与其预计，如同符契般相合，可谓神妙。

让人才形成互补

在一个人才结构中，每个人才因素之间最好形成相互补充的关系，包括才能互补、知识互补、性格互补、年龄互补和综合互补。随着现代科学技术的发展，很多研究、攻关项目是需要体现多边互补原则的，这里既需要有知识互补，又需要有能力、年龄等方面的互补。这样的人才结构，在科学上常需"通才"领导，使每个人才因素各得其位，各展其能，从而和谐地组合在一个"大型乐队"之中。

近来国外的研究表明，一个班子中，最好有一个直觉型的人作为天才军师，有一个思考型的人设计和监督管理工作，有一个情感型的人提供联络和培养职员的责任感，并且最好还有一名冲动型的人实施某些临时性的任务。这种互补定律得到的标准和结果是整体大于部分之和，从而实现人才群体的最优化，用人时不能不明白此道理。

事实也反复证明了人才结构中的这种互补定律在人们的实际生活中可以产生十分巨大的互补效应。

综合互补的用人之道已经在现代的经营管理中起着越来越重要的作用，只有了解了人才中的才能互补定律后，才能更好地用人。

用人除了要了解人才的才能互补律、知识互补律外，而且还应了解人才中的个性互补律。无论在哪一个人才结构里，人才因素之间都存在着个性差异，每个因素的气质、性格都各有不同。例如，有的脾气急，有的脾气缓；有的做事细致、耐心；有的办事麻利、迅速。这些不同的个性特征，都可以从不同角度对工作产生积极作用。如果每个人才因素都是一种性格、一种气质，工作反而无法做好。例如，全是急性格的人在一起，就容易发生争吵、纠纷。这和物理学上的"同性相斥"现象极为相似。

用人须知互补定律，不要忘了其中的年龄互补，老年人有老年人的特长和短处，青年人有青年人的特长和短处，中年人有中年人的特长和短处。这不管从人的生理特点还是从成才有利因素来讲，大都如此。因此，一个好的人才结构，需要有一个比较合理的人才年龄结构，从而使得这个人才结构保持创造性活力。明朝开国皇帝朱元璋取得政权后的用人方针就是"老少参用"。他是这样认为的："十年之后，老者休致，而少者已熟于事。如此则人才不乏，而官吏使得人。"显然，朱元璋的这一用人方针是从执政人才的连续性、后继有人问题出发的。其实，它还有更高一层的理论意义，老少互补对做好工作，包括开拓思路、处事稳妥、提高效率等都意义深远。

综合互补的用人之道在现代管理中，地位越来越重要。规模越大，越需要在其人才结构中体现这一原则。

要重视培养亲信和骨干

▶▶ 领导警语

使耳朵和眼睛辛苦一些，用来访求人才；一旦得到人才，使他们得以信任和使用，自己就得到安逸超脱了。（劳聪明于求人，获安逸于任使。）

——《人物志·序》

对亲信的培植不是一朝一夕的事情，在这个问题上不能急功近利。世事难测，你付出了，总有一天，那些受过恩惠的亲信会加倍回报你。

战国时期齐国公子田文做了薛邑的主人后，招揽门客，三教九流，来者不拒，食客人数增至三千。田文与他们同甘共苦。一日晚上进餐，一位门客挡了烛光，遮蔽了另一个门客的食案，此人没看清自己案上的饭菜，以为不如别人，这是田文故意怠慢他，勃然大怒，起身便走。田文站了起来，把那人叫住，端着自己的饭菜让他看，那人一瞧，完全一样，羞愧难当，举剑自刎。等贵贱，同甘苦，使门客们大受感动。每逢有人来投奔，田文总是亲自接见。他们交谈时，屏风后面便有人记录下来人的家人情况。过后，田文便派人去慰问他的家人，馈赠礼物。

田文门客日众，声誉日隆，闻名天下。

出任国相后，田文凭借自己的才干、门客的智谋和田家的威望，渐渐把持了国政，王大权旁落，形同傀儡。朝野上下、列国诸侯仅知齐国有国相田文，不知还有个齐王。齐王心中愤愤不平，密谋剪除田文。

不久，齐国爆发了一起武装叛乱：齐国贵族田甲起兵劫持王。田甲的叛乱很快被镇压了。王借机宣告田甲举兵是受田文的唆使，下令逮捕田文。田文闻讯，连夜逃离临淄，回了薛邑。

王正欲发兵追捕，薛邑一名百姓来到了临淄。

此人受过田文的恩惠，那还是在数年以前，田文派家臣魏先生去收取薛邑的租税，魏先生去了三次都空手而回。田文问他，他说："薛邑有位贤人君子，臣斗胆把收取的粮款用您的名义给了他。"田文勃然大怒，斥退了他。及至那人听说王怀疑田文指使田甲图谋不轨，为报知遇之恩，遂来到临淄，上书王，说田文决不会干这种事，愿以性命保证。奏疏呈进宫中，他便在宫门外伏剑自刎了。

王闻讯大惊，怀疑自己的判断是否错了，加上孟尝君门客冯谖的一番活动，王改变了初衷，重新任命田文为相。

所谓亲信、所谓忠诚都是有一定条件的，作为领导者不能给人一点好处就指望别人以性命相报。像孟尝君田文那样懂得这个道理，才能正确地看待和使用亲信。

三做深解

嫡系里面选将才

你所提升、选拔的下属，多少会对你有些感激，至少对你有信任感。当你的领导工作遇到困难的时候，他们会首先伸出手帮助你渡过难关。当你的工作万事俱备、只欠东风的时候，他们也往往会身先众人，助你一臂之力，起到率先示范的作用。

被提升的下属往往比你更容易接近其他下属，而且他们之间的关系通常也比较密切。所以当你的某项正确决定不为人理解而难以贯彻实施时，被提升的下属一带头，大家也许就跟着一起干了，被提升的下属如果和大家解释你所决定的其中道理，大家可能会马上明白和理解。在这里，被提升的下属无疑已成为你的得力助手。

在下属之中选拔人才，加以提升，并不是胡乱的选拔、胡乱的提升，一定要建立在有所根据的基础上。

作为领导，在选拔、提升下属时，对那些有真才实学，但却曾与你有过矛盾的人，你不妨把心胸放宽一些，用理性支配自己的头脑，抛开个人恩怨，从实际出发，把他们提升、选拔上来。

你这种莫大的涵养，一定会引起对方的尊敬和佩服，从而对你的一些偏见和仇恨也会化为乌有。你在按标准提升了一名下属的同时，又改善了与下属的关系，事半功倍，何乐而不为呢？

这样一举两得的事情，只要你在实际工作中用心，就很容易做到。

而如果只对选拔、提升下属这一事来说，就是要严格地按照标准去进行。

你是否能做到以下这些呢？

一个曾受到众人诽谤，大家公认不可救药的人，经过你的仔细考察，发现事实并非如此，这人很有才华。因而，你大胆决定将这位下属提升上来。

一个曾经当众辱骂过你的下属，仍然因为他专业能力强，而被你不计前嫌地提拔到你的身边。

一个相貌丑陋、身材矮小的下属，你并不是以貌而取之，而是考虑到他的真才实学，把他从众人之中选拔上来。

一个过去是你的同事，现在是你的下属的老朋友，在你选拔、提升下属时，他与别人条件相同，但是，你并不因为与他是老朋友，而失去公平地优先提拔他。

对一个曾经犯过错误的下属，你能辩证地看待问题，发现这位下属的可贵之处和闪光点，经过一段时间对他的培养、考察，把他提升到一个新职位上。

一个知识、能力都比你强的下属，你不会因为嫉妒而不去提拔他，而是敢于把他提拔到重要的位置上来。

做到以上这些，才能使你的领导工作顺利开展，你的领导威信才能逐步建立。虽然你提拔的人才可能一时还不能做得令大家满意，但你不必过于着急，是金子，终归有一天会发光的，这只是迟早的事情。关键是你提拔的下属是不是真正的金子，正确有效地提拔下属，能很好地证明你这位作为选拔者的领导所具有的用人素质。身边的嫡系、亲信多了，你的事情也就好办了。

下篇　做交换

有取有予是最有效的领导之道

有的领导者天真地认为，领导就是要索取，下属就是要给予——领导下达命令、享受成果，下属努力干好本职工作、完成上级交付的任务。实际上，没有什么事情是天经地义的，上下级之间更是如此。领导者必须树立起一种"交换"的观念：给予激励可换来努力，给予宽容能换来感激，给予真诚能换来信任。

▶▶ 第八章　能驾驭

-- ▶▶

找到让下属效命的最佳方法

　　大多数领导者处于既要被领导、又要领导别人的双重地位。那么，如何带好手下这帮人是每一个领导者必须解决好的问题，这体现了领导者的领导素质，也是其仕途的基础和筹码。高明的领导者总能进退有道，熟谙"做交换"的领导之道，自如驾驭各种人和各种局势。

赏与罚必须分明得当

▶▶ 领导警语

　　不依靠赏罚而靠百姓的自我完善，贤明的君主不崇尚这种做法，为什么呢？这是因为国法是不可丧失的，况且所治理的又不是一个人啊！（不恃赏罚而恃自善之民，明主弗贵也，何则？国法不可失，而所治非一人也。）

——《韩非子·显学》

管理下属最基本的手段一是赏——鼓励下属该做什么和怎么做，一是罚——使下属牢记哪些禁区不能跨越。做到赏罚分明得当，下属就会心情愉快地尽量把事情干好。

曹操的领导之道虽有多种，而赏罚分明得当，始终为重要方法之一。

曹操历来坚持有功就赏，有罪就罚，一视同仁，不分贵贱。汉末十八路诸侯共讨董卓时，董卓勇将华雄连斩联军数员大将，诸侯中无人可敌。此时，尚为平原县令刘备手下一名马弓手的关羽挺身请战。袁术当即怒斥，命人赶出。而曹操却说："此人既出大言，必有勇略，试教出马，如其不胜，责之未迟。"结果，关羽片刻间便提华雄头进帐报功。接着，张飞鼓动诸侯乘势进兵杀入关中以活捉董卓，袁术仍怒喝："量一县令手下小卒，安敢在此耀武扬威！都赶出帐去！"此时，曹操再次反驳说："得功者赏，何计贵贱！"

曹操动用赏罚手段时，往往赏多于罚。部下只要有功，必给相应奖赏，而且针对不同的人、不同情况给予不同的奖励。曹操在庆贺铜雀台建成时，进行比武活动，为了增加喜庆气氛，竟设法搞了一次人人获胜、人人有份的物质奖励。在与李傕交战中，许褚连斩二将，曹操即手抚许褚之背，把他比作刘邦手下的猛将，激动地称赞说："子真吾之樊哙也！"当荀彧投曹后，曹操见其才华出众，当即把他比作刘邦手下的谋士张良，高度赞誉说："此吾之子房也！"一次，在与关羽交战中，徐晃孤军深入重围，不仅获胜，且军容整齐而归，秩序井然，曹操当即把他比作汉朝的名将，大加赞赏地说："徐将军真有周亚夫之风矣！"曹操引用历史上杰出人物作比，对部下及时给予高度评价，这种精神鼓励，实际上超过任何物质奖励的作用。

曹操特别重视奖惩手段的诱导教育作用。这不仅表现于对待自己部下，也表现在他对于敌对营垒将士的处置方法上。曹操特别敬佩关羽"事主不忘本"的忠义精神，当关羽得知刘备下落，立即封金留书而去，曹操则对部下说："不忘旧主，来去明白，真丈夫也！汝等皆当效之。"袁绍谋士沮授被俘后，明确表示不肯投降，曹操越发以礼相待，后沮授盗马私逃，操怒而斩之。沮授临刑而神色不变，操则后悔地说："吾误杀忠义之士也！"命以礼厚葬，并亲笔题墓碑："忠烈沮君之墓。"与此相反，对卖主求荣者，曹操则一向深恶痛绝。曹操部下侍郎黄奎与马腾勾结欲刺杀曹操，与黄奎之妾私通的苗泽向曹操告密，使操擒获了黄奎和马腾，曹操不仅不赏赐苗泽，却认为苗泽为得到一个妇人，竟害了姐夫一家，说："留此不义之人何用！"终将苗泽与黄奎之妾一并斩首。

奖惩自身并非目的。受奖者，励其用命之忠，使之感恩戴德，更加效力于己；受惩者，责其背义之行，臭名披露，用以警戒部下深思。这可谓曹操用人的独到之处。总观蜀、魏、吴三国，虽各有杰才，但以魏国人才最多。集拢在曹操手下的谋臣不胜枚举，而且这些人，一旦投到曹操手下，便不仅能够各逞其才，而且皆能死命效力，少有叛变离心者。

三做深解

赏与罚都是重要的激励手段

虽然奖励和惩罚都是实施激励中不可缺少的手段，对下属成长和发展都有积极作用，但是，从理论和实践的意义上来说，从两者比较的意义上来说，奖励的效果要比惩罚的效果好。善于发现和强化下属的长处和优点，善于把下属身上的消极因素转变为积极因素，是科学掌握激励理论和方法的表现。在运用这两种方法时要注意以下几点：

（1）相互结合，不可分割

奖励和惩罚虽然是激励的两种不同的手段，但在实施时常常是密切相连，不可分割的。有奖有罚，有罚有奖，先奖后罚，先罚后奖，奖中有罚，罚中有奖，多奖少罚，少奖未罚，如此等等，都是日常激励实践中经常遇到和运用的。任何地区、任何单位，为了调动人们的积极性，为了规范人们的行为，必须同时制定奖励和惩罚条例，并保证严格实行，不得轻视或取消任何一方。为了保证激励对大家都有作用，在赏罚时，要将赏罚的标准和受赏罚对象的情况向集体成员实事求是地介绍，并施以大家能接受的赏罚形式，帮助大家正确认识赏罚的目的和作用。只有这样才能起到奖励一人，带动全体；处分一人，教育一片的目的。

（2）以奖为主，以惩为辅

在奖惩的实践中，要有主有辅，有重有轻，不可同等对待，平分秋色。一般来说，奖励的次数宜多，惩罚的次数宜少；奖励的气氛宜浓，惩罚的气氛宜淡；奖励的场合宜大，惩罚的场合宜小；奖励宜公开进行，惩罚宜个别进行；可奖可不奖者，奖，可罚可不罚者，不罚；在制定奖励和惩罚条例时，要考虑到人们的期望值和承受力。奖，经过努力也达不到，罚，经过努力也难免，这样的奖惩条例不能达到激励的目的。

（3）在激励中不要以某人的某一件事或行为与其他人所干的某一件事或行为相比较

在表扬或批评的实践中，我们常常会发现这种情况：在表扬某某的长处时，常常提醒另一个人，把他的行为和受表扬者的行为相比较，希望他向先进学习；在批评某一人时，也举另一人的事例做对比，希望大家从中受到教育。从激励执行者的角度来看，这也许是不错的，"赏一以劝百，罚一以惩众"，古人的话是有道理的。这是从赏罚的总体效应上来说的，受奖受罚者总不是大多数。问题在于用什么方法来达到这个目的。正确的做法是，在实施奖励或惩罚时，充分地说明受奖或受罚者的情况，使大家从中受到教育和鼓舞。如有的特别需要提醒，可用含糊的、婉转的、善意的暗示予以表明，不必指出具体的人名来。

（4）对未受表扬者特别是受批评者需要宽容、谅解和关心，这是十分必要的。但是，过了度就会适得其反。

杀一儆百这一招永远不过时

▶▶ **领导警语**

设立礼义方面的规范，遵循法律办事，遏绝坏事产生的根源，虽然使最先受到惩处的人蒙受了耻辱和羞愧，然而，最终是有利于千秋万代的。犹言法律虽然对少数人是无情的，但对多数人和长远是有好处的。（立义顺法，遏绝其原，初虽斩心人，然其终也长利于万世。）

——《潜夫论·断讼》

"劝一伯夷，而千万人立清风矣。"同样的道理，对众多不听话的下属，你不可能全部惩罚，抓住一个典型开一开杀戒，必可使千万人为之警觉畏惧，这就是"杀鸡骇猴"之策的道理所在。

司马穰苴是春秋战国时期齐国著名的军事家。他姓田，名穰苴，因后来官拜大司马，故人称司马穰苴。

齐景公在位时，晋国曾派大军入侵齐国的鄄、阿等地，齐国出兵迎击，结果大败而归。与此同时，燕国也攻占了齐国的河上。消息传到齐都临淄，齐景公急忙与相国晏婴商议对策。晏婴分析了各种因素后，向景公说："晋、燕之所以从西、北入侵，而我军又连打败仗，盖因齐国缺少能征善战的统帅。当务之急，是选贤任能，挂帅出征。"齐景公就令他尽快物色帅才。晏婴经过深思熟虑，向齐景公推荐了田穰苴。但穰苴表示：基于他新来乍到，最好再为他配备一位显贵的大臣做监军。齐景公当即答应，并委任庄贾担当。穰苴马上与庄贾约定，次日中午同到校场点兵。

庄贾，是齐景公最宠信的一位大夫。平时，他恃宠傲慢，骄纵放荡，几乎目中无人。对穰苴，也依旧没放在眼里。所以，当穰苴次日来到校场许久后，他仍迟迟未到。穰苴等来等去，一直等到午时三刻，仍不见庄贾到来。他只好按事先规定时间，独自发布命令、申明军纪。时近黄昏，醉醺醺的庄贾才在众人簇拥下来到校场。穰苴很不高兴地问他迟到之故，他却不屑地答道：是因为亲友为其饯行，多喝了几杯，忘了预约的时间。穰苴大怒，痛斥道："将帅接受了出征命令，就应当忘记自己的家庭；战前部署行动计划，就要忘记自己的亲属；临阵杀敌，就必须忘掉自己的生死！目前，敌军压境，国君寝食不安，百姓生命难保，你重任在肩，怎还有心思饮酒作乐！"接着，便问军法官："校场点兵，不按时到场，该当何罪？"军法官回答："当斩！"庄贾一听，胆战心惊，急忙派人火速向景公求救。但求救者尚未归来，庄贾已被斩首示众。随即，景公的使者手持特赦诏令催马赶到。穰苴又问军法官："军中鞭马疾驰，该当何罪？"军法官又答："当斩！"使者顿时吓得浑身瘫软、缩成一团。穰苴鉴于国君的特使不能杀，便让人杀掉了为使者拉车的马。三军见状，无不肃然敬服。自此，令行禁止，士气高昂。

三日后，穰苴挥师边关。将士们一个个如猛虎下山，异常勇猛，直杀得晋、燕士兵落花流水、望风逃窜。穰苴又指挥大军乘胜追击，收复了全部失地。齐景公闻讯大喜，不但亲率文武百官笑迎穰苴胜利归来，还加封他为统率全国军队的大司马。

在组织出现问题时，如果责备整个部门，将会使大家产生每个人都有错误之感而分散责任；同样地，大家也有可能认为每个人都没有错。所以，只惩戒严重过失者，可使其他人员心想："幸亏我没有做错，"进而约束自己尽量不犯错误。

而且，如果受指责的对象是具有实绩的资深或重要干部，其效果必然倍增。因为部门内紧张感提高后，每个人必会心怀愧疚地自责："他被责骂是因为我们的缘故！"

如此一来，下属们各自庆幸不已，并且一定会加倍努力工作；组织则自动回到有序的状态。

当然，这并非鼓励要在部门内，无中生有或捕风捉影地找某人的麻烦。只是在任何企业单位，均需要通过刺激资深人员，来使全体人员具有蓬勃的朝气，进而达成组织的目标。

所以，为了整顿组织内部涣散的士气，有时不妨刻意制造一点紧张的气氛，大胆地牺牲一个典型的越轨者。

三做深解

训一儆百可惊人心

当一个团队陷于无序状态，管理者的命令无法产生效果时该怎么办？不妨针对整个团队进行"苏醒疗法"。方法之一便是痛斥一个特定人员。此即"牺牲个别人，拯救整体"的抓典型的做法。如果责备整个团队，将会使大家产生每个人都有错误之感而分散责任；同样地，大家也有可能认为每个人都没有错。所以，只惩戒严重过失者，可使其他人员心想，"幸亏我没有做错"，进而约束自己尽量不犯错误。

那么，面对一个犯错的下属，领导者要在众人面前责备他，抑或在私下斥责他呢？既然都是叱责，在公开的情况下进行较妥当。

若有一件事可以很明显地看出是王某的过错，同事认为科长应该会对他发相当大的脾气。然而科长却只是对王某说："要小心一点。"便原谅了王某的过错，为此大家颇感失望。不难想象此时同事一定会议论纷纷："为什么科长不生气？""我做错时被他骂得好惨！""科长说不定欠了王某什么！"科长可能不明白什么叫做'责任'！"

你一旦采取温和的做法，那下回林某失败时，也就无法斥责他了。渐渐地你的刀口越来越钝，最后你会落得谁也不敢骂的下场，而无法继续领导部属。所以在需要叱责时，就必须大声地叱责才行。

在众人面前叱责某位部属，其他的部属便会引以为戒。此即所谓的"杀一儆百"。

其意并非真的处罚一百人，而是借由处置一人来使他人反省。

当场被叱责的人，宛如是众人的代表，并不是一个很讨好的角色。在任何团体中，皆有扮演被叱责角色的人存在。领导者通常会在众人面前斥责他，让其他人心生警惕。这是一个非常有用的办法。

这个角色绝非每个人皆能胜任，你必须选出一位个性适合的人。他的个性要开朗乐观、不钻牛角尖，并且不会因为一点琐事而意志动摇，如此方能用于此项任务。

你应避免选用容易陷于悲观情绪，或者太过神经质的人。若错误地选择了此类型的下属，往后将带给你更多的困扰。

要掌握领导学中的平衡术

▶▶ **领导警语**

掌握一个根本思想而应付成千上万的事情，把握大的要领从而使具体事务都得到治理，这就是正确的领导方法。(执一而应万，握要而治详，谓之术。）

——《淮南子·人间》

平衡不仅要体现在制度上，再完美的制度也无法规范人们的所有行为。这就需要领导者洞明世事，人情练达，在此基础上以平衡的技巧团结各种力量。

公元316年，晋愍帝在长安向匈奴刘聪投降，西晋亡。公元317年，安东将军司马睿在建康建立东晋，力主其事的便是一代名相王导。

在当时的情况下，复兴晋室只是内聚北方士人的公关手段，在王导的内心，若能安定东晋已是极为不易的了。所以，主战派多次提出"北战收复失地"的主张，均未得到王导的支持。对于北伐名将祖逖等人，东晋王朝的态度也是消极的，因为从稳定的角度考虑，以北伐为国策并不符合南方望族的意愿，而且，一旦大事北伐，新形成的北方势力也可能危及东晋王朝。既团结北方士族又协调朝廷的关系，就此而论，王导的策略是成功的。

有一次，叛军攻打建康，将军温峤擅自将皇帝巡幸必往的朱雀桥烧掉了。皇上知道后暴跳如雷，但是温峤并不在意，连道歉的意思也没有。王导知道此事可能会造成的后果（或者它本来就是一种信号），于是匆忙赶来为温峤说情："皇威之下，温峤不敢说话，请皇上体察。"这既保住了皇上的面子，也给温峤一个台阶下，温峤也就势道歉，化解了一场可能产生的内乱。

平时，对于各地的叛乱，王导尽可能大而化小。如此做法自然令人不满，但是王导也有其苦衷。对于一个虚弱的王朝来说，不顾一切，硬

133

拼可能远不如忍耐一时，等待变化更为明智。当然，王导对军队力量也并不是毫无节制的。譬如，他极力强化贵族的威势。有时候，叛军甚至已经占领了都城，并想当皇帝，至少来个挟天子以令诸侯。但是，一掂量，感到军队的威势还远远不够，结果，还是得将王导抬出来，这不能不说是个奇迹。

对于东晋朝廷，王导的策略是极力推崇它的皇威，以此号召天下。同时限制皇族势力的发展，使政局不致失衡。在公开的场合，王导是诚惶诚恐，礼数周到；当他独自面对君王时，又敢于犯颜直谏，甚至直言无忌。一次，晋明帝问温峤，自己的司马氏祖先是如何统治天下的，温峤一时语塞，不知如何回答，王导道："温将军时值壮年，不熟这段历史，就由微臣代他回答吧！"于是，王导从司马懿如何清除异己开始，一直到司马昭是如何杀害魏王曹髦，诸般险事一一道来，毫无隐瞒。明帝听了不禁为之叹服，说："如此看来，朝廷的命运也是在天之数了。"

当然，王导之所以能这样做，除了高超的平衡策略，还在于王氏家族有着巨大的力量，当时谚语曰："王与马，共天下。"但是王导也知道，对王姓家族的势力若不加以限制，也会破坏脆弱的平衡关系。

东晋的建立，王导与其堂兄王敦出力最大。后王导任宰相，而王敦任大将军，领重兵在外。如此局面，又使得皇帝有傀儡之感，便有意削弱二王之权。王导不动声色，颇令士大夫同情，王敦则不然，他本来就有野心，干脆借口除奸而率兵杀向建康。

以当时的客观力量而言，朝廷远不及王敦，而且宫中也有议论，认为王敦造反有理。但是王导心里丝毫不愿与王敦合谋，他认为唯有司马氏才是安定的象征，王氏家族在安定的情况下，不必因此而失衡，否则王氏家族同样遭到迫害，何况以王敦的个性，一旦大权在握必定酿成大祸。

于是，就出现了这样有趣的一幕：一面是王敦的造反；一面，王导却率领以四个族弟为首的20余位族人，每日清晨去中书省自请裁定。当时，朝廷虽然也有人上书要灭王门九族，王导也清楚，晋元帝不敢那么做。但是他仍通过各种渠道疏通关系，终于重新获得了元帝的信任，元帝赐其"大义灭亲，一代忠臣"的诏书，将国家大事重新委托给了王导。趁着王敦的叛乱，王导在朝廷中的地位反而变得更加稳固。两年以后，王导发兵灭了王敦，消除了危及平衡的大障碍。本来，王敦叛乱，王氏家族理应受罚，但是皇帝却做了非常处理："王导大义灭亲，应恕其罪至百代之后。"王氏家族从而得以延续。

公元339年，64岁的王导去世。他先后担任三代宰相，自身没有任何积蓄，然而却以其独特的平衡策略，团结了各种社会力量，在风雨飘摇之中维持了东晋王朝的存在和社会的安定。而这，又不能不说是战乱之世的一大奇迹。

三做深解

平衡不当可能会搬起石头砸自己的脚

平衡术虽有效，但并不是谁都能用得好的，也不是对什么下属都能用的。管理中需要平衡术，但也讲究放手用人，如果将可靠的部下定为平衡的对象，用不可靠的人来"平衡"他，只会搬起石头砸自己的脚。

我们对三国时期蜀国的第二代君主、刘备的傻儿子阿斗都不陌生，但是对他于诸葛亮去世后竟也用平衡术管理臣下恐怕知者甚少，只不过他的大脑实在被刘皇叔摔出了毛病，以致他"平衡"的对象竟是忠心护国的姜维，其结果也就可想而知了。

建兴十二年（234），诸葛亮去世后，姜维回成都，升右监军辅汉将军，统率诸路大军，加封平襄侯。与蒋琬、费祎一道总理军国要务。后来，蒋琬、费祎、董允相继去世之后，姜维成为蜀国的主要军事首领，带兵征战在外。而此时，朝中后主刘禅不思进取，政治被陈祗、黄皓一班人把持。黄皓为宦官，与陈祗内外勾结，操持了后主。延熙五年（242），姜维率兵出汉中伐魏，但又被魏将邓艾打败。姜维拥兵讨敌，连年攻战，又没有取得突出的军事进展，于是黄皓等人便开始在朝中弄权，排挤姜维。后主怕姜维力量过大会影响到自己的安全，就想限制他的权力。为了钳制姜维，他重用黄皓，黄皓又重用马忠的部下阎宇，擢升他为右大将军，他们内外呼应，黄皓要用阎宇代替姜维。姜维也觉察到此阴谋，就在延熙六年（243）上书后主并期望后主杀掉黄皓，后主答说："黄皓只不过是一个奔走小卒而已，以往董允也切齿痛恨，我常常心中过意不去，你何必介意！"姜维见黄皓的关系网盘根错节，便缄默不再多说。后主饬命黄皓到姜维住处谢罪。姜维为了避祸，佯称到关中种麦，就引兵离开了成都。由于黄皓的钳制、掣肘，蜀国前线一败涂地。姜维上疏后主说："据说钟会屯兵关中，准备进犯，我们应派大将张翼、廖化分别领兵护守阳安关口和阴平桥头，以防患于未然。"但是黄皓为了抑制姜维，居然诳骗后主，假托巫鬼迷信之道，称敌军肯定不会到来，让后主放心享乐。由于失去必要的防备，魏军很快就攻陷成都，灭亡了蜀国。

刘禅虽用了平衡术，但不得要义，乱加钳制，结果灭国亡身，自食其果。所以说领导平衡术是一门极高深的学问，找不好支点就极有可能把自己砸伤。

敢于为下属说话的人最得尊崇

▶▶ **领导警语**

正确与失误、毁谤与赞誉，自古以来，当官执政的人不能避免，正确则归功于人，失误则归咎于己，听到赞誉归于人，听到毁谤归己，无论是上司，无论是副职，都应该这样对待他们。前辈曾经说："总想让别人对自己感恩戴德，那怨恨归谁承受呢？"啊！这真是胸怀博大君子的思想。（是非毁誉，自古为政所不能无者，是则归人，非则归己，闻誉则归人，闻毁则归己，无长无式，处之皆当如是也。前辈云："恩欲己出，怨得谁归。呜呼！此真博大君子之言也。"）

——《牧民忠告》

自己的下属被误解、被冤枉或者受到了不公正的对待，身为他的领导是置之不问还是挺身而出？尤其当这个下属得罪的是自己的上司时，这种抉择更难以做出。

但是，对有的领导者而言，为下属说话并不觉得很为难，因为他的心中有一个行为准则，那就是公平与公正。

北宋宰相赵普对臣僚中有治迹、有才能的一定依章升迁。一次，他把几位应当升职臣僚的情况写成公牍，呈给太祖批阅。谁料太祖对这几位一向厌恶，因此，不予批准。赵普毫不气馁，再三请命，太祖甚不高兴，冷冷地说："朕固不为迁官，卿若之何？"赵普脸不变色，振振有词地说："刑以惩恶，赏以酬功，古今通道也。且刑赏天下之刑赏，非陛下之刑赏，岂得以喜怒专之。"太祖听后怒火万丈，起身到后宫，赵普也紧跟不舍。太祖入寝宫，赵普恭立于宫门外，久之不去。太祖为之所动，谕允其请。

南宋初年，吕颐浩做相。他对下属十分严厉，如有工作疏忽或忤意者，动辄训斥，甚至批其面颊。有的臣僚官品很高，惭于同列，便叩头请曰："故事，堂吏有罪当送大理寺，准法行遣。今乃受辱如苍头，某辈贱役不足言，望相公少存朝廷体面。"吕颐浩大怒，斥责他们说："今天子巡行海甸，大臣皆著草履行沮洳中。此何等时，汝辈要存体面！俟大驾返旧京，还汝体面未迟。"群臣本来一怀冤屈，现在听后却相顾而视，纷纷称善，又默默地回到各自的位子上。

然而也有许多宰相，虽为百官之长，居高临下，却能宽厚待下，或好申下人之善，为之扬善隐过，借以和睦关系，取信于臣僚。这大概也是丞相驭臣治国的一种高明手段吧。

张安世，字子孺，杜陵（今西安东南）人。汉昭帝时，任右将军、光禄勋，封富平侯。昭帝死，他与霍光共征立昌邑王，后昌邑王淫行无道，又与霍光定策废立，迎立宣帝。他多年职典枢密，治政谨慎，为人宽容。曾有郎饮酒大醉，溺于殿堂，有司奏请以法惩治，他却祖护道："何以知其不反水浆邪？如何以小过成罪！"又有属吏调戏官婢，婢之兄长告于张安世，他又回护说："奴以恚怒，诬污衣冠。"并将这奴婢另做安排，以防因她碍其属吏升迁。

盛唐名相韩休对有过之属下采取先除大奸、宽容小臣的做法。当时万年尉李美玉有罪，唐玄宗敕令将他流放到岭南。韩休认为不妥，辩解道："美玉卑位，所犯又非巨害，今朝廷有大奸，尚不能去，岂得舍大而取小也！臣窃见金吾大将军程伯献，依恃恩宠，所在贪冒，宅第舆马，僭拟过纵。臣请先出伯献而后罪美玉。"玄宗不允。韩休进一步争辩说："美玉微细犹不容，伯献巨猾岂得不问！陛下若不出伯献，臣即不敢奉诏流美玉。"面对韩休的公正无私，玄宗终于听从了韩休的意见。

公平公正对领导者是件难以做到的事情，因为有时候需要以自己的官位为代价。而能够做到这一点为下属仗义执言的人，也必会得到下属以及多数人的尊崇。

三做深解

适当护短也是管人的高招

在所有的管人、用人谋略中，容短护短是最令人感兴趣的，也是最难掌握分寸的。对于许多脾性古板的管理者来说，让他容忍下属的短处，已经够宽宏大量了，如今还要进一步袒护下属的短处，这不是有点过分了吗？再说，真理和错误往往只一步之遥，在管人实践中，又怎能保证容短护短不出一点偏差呢？

这种担心完全是不必要的。其实，有关容短护短的管人思想，我国历代一些开明的政治家及有识之士，都曾经在各自的论著中提出过。早在春秋时期，就有"赦小过，举贤才。"东汉光武帝刘秀平时对功臣虽然管束很严，但能曲予宽容，原谅他们细小的过错。为此，《后汉书·马武传》描述他"虽制御功臣，而能回容，宥其小失"。

所谓容短护短，就是指在管人行为中，管理者根据管理活动的需要，在管人"伸缩度"允许的范围内，宽厚地容忍下属的短处，甚至适当偏袒下属。从字义上就能看出，我们主张的容短护短，不是无原则的，而是受一定的条件制约的。这一管人谋略，在某些方面，和欲擒故纵谋略有异曲同工之妙。一般来说，管理者对于下属的短处，应该热情帮助，耐心教育，甚至辅以必要的严厉批评。这一切，无疑都是对的。从理论上说，每个人的短处，都是能够改正和克服的。然而，在现实生活中，我们遇到的情况，就和书本上阐述的有点不一样了。许多有经验的管理者都认为，下属的短处（弱点）一旦形成，就很难改变。美国管理学家杜拉克在《有效的管理者》一书中曾经说过："须知任何人均必有许多弱点，而弱点几乎是不可能改变的。"充分正视人的短处的相对稳定性，主张通过充分发挥下属的长处，同时，适当容忍甚至袒护下属的短处，可以极大地激发人才的积极性和创造性。这样做，当然不是绝对放弃对下属的严厉批评，而是竭力挣脱传统的思维定式和行为定式的束缚，寻求更加灵活巧妙的管人艺术。

管理者处于怎样的情况下，方可对下属进行容短护短呢？在这里，着重阐述以下四点：一是严格掌握容短护短的临界线。管理者容忍下属的短处，甚至偏袒下属的短处，其用意当然不是喜欢或者纵容下属，而是另有所图。在多数情况下，管理者图的是以下几方面的好处：第一，为了更好地发挥和利用下属的长处；第二，赢得人心，进一步密切上下级的关系；第三，极大地提高自己在群众中的声誉，有意将自己塑成宽厚、豁达的管理者的形象；第四，为了实现某个既定的管理目标。因此，在权衡利弊、决定取舍时，管理者必须本着得大于失的行为准则来行事，只有当容短护短这一行为本身不超过某条临界线时，采取容短护短的方法，才是有价值的，可行的。二是灵活掌握容短护短的度。在不超越临界线的前提下，管理者在具体运用容短护短谋略时，面临着十分广阔的选择余地。这时候，作为一个精明的管理者，就应该充分利用手中执掌的选择权，灵活掌握容短护短的度，放手大胆地袒护自己的下属。灵活掌握容短护短的度，是在合理的选择圈内进行的，它利用的是人们的认识伸缩度和行为伸缩度，而不是人们的认识误差和行为误差。管理者在具体运用容短护短谋略时，应该充分注意这一点。否则，就会步入误区，出现重大失误。三是巧妙选择最有效的容短护短方法。获取理想的容短护短效果，不仅需要严格掌握临界线，灵活掌握选择度，而且还需要巧妙运用各种最有效的方法，恰到好处地将管理者的用意传递给下属，使下属既能明白管理者为什么要偏袒他，以此极大地激发起他的积极性和创造性；又能使下属在不感到难堪的情况下愿意接受管理者对他的偏袒，从而最大限度地保护下属的自尊心和自爱心。四是认真看清、选准最有袒护价值的下属。不看对象盲目护短，乱发慈悲，是管人的大忌。容短护短与严格要求、奖惩分明，是管理者实行有效管理的两手。只有你认定某下属确有袒护价值时，再去偏袒这个下属。

总之，容短护短的学问，深奥莫测；容短护短的技法，多种多样。随着现代管理活动面临的情势日趋复杂，被护对象的自主意识日趋强烈，各级领导者更应该结合自己的管人实践，细心琢磨，不断探索，尽力掌握高超的护短本领和灵活的艺术，为最大限度地调动下属的积极性和创造性而努力。

▶▶ 第九章　讲宽容

肚量是成事不可缺少的条件

一个人如果小肚鸡肠，遇事斤斤计较，受不得一点委屈，在人际交往中必然碰个头破血流。宽容换支持，这是最简单又最实用的领导法则。普通人如此，领导者更是如此，因为他身上肩负着更大的职责，面临着更复杂多变的情况，会遇到更多不容易对付的人物。只有以宽大的胸怀包容别人，才能赢得更多的支持。有句话叫宰相肚里能撑船，反过来讲没有能撑船的肚量恐怕也当不好宰相。

从容面对一时的宠辱成败

▶▶ 领导警语

光明和阴晦都有固定的规律，这是自然规律运行的结果，然而用人事上的情形来比拟光明和阴晦，就很难从外表上判断出来。
（夫明晦有时，天道之常也，拟于人事则殊难形辨。）

——《韬晦术》

不管是沉居下僚还是身践高位，领导者"仕途"不可能一帆风顺。得意时飞扬跋扈，逆境中则一蹶不振，这样的人注定一事无成。相反，如果能做到顺宠而不骄，败而不馁，则显示出一种雍容宽广、能做大事的气度，这种气度足以让你逢凶化吉。

在中国古代政治舞台上，对宠辱问题把握得最好的宰相，李泌当算作一位。他处在安史之乱及其以后的混乱时代，为唐王朝的安定上言上策，立下了殊功，但他贵而不骄，急流勇退，恰当地把握住了一个宠臣、功臣的应有分寸，善始善终，圆满地走完了自己政治的一生。

李泌少时聪慧，被张九龄视为"小友"；成年后，精于《易》，天宝年间，玄宗命其为待诏翰林，供奉东宫，李泌不肯接受，玄宗只好让他与太子为布衣之交。当时李泌年长于太子，其才学又深为太子钦服，因此，常称之为"先生"，两人私交甚笃。这位太子就是后来的肃宗皇帝。后来，李泌因赋诗讥讽杨国忠、安禄山等人，无法容身，遂归隐颍阳。安史之乱爆发后，玄宗至蜀中，肃宗即位于灵武（今宁夏永宁西南），统领平乱大计，李泌也赶到灵武。对于他的到来，肃宗十分欢喜，史称："上大喜，出则联辔，寝则对榻，如为太子时。事无大小皆咨之，言无不从，至于进退将相亦与之议。"

这种宠遇实在是世人莫及，在这种情况下，李泌依然保持着清醒的头脑，平静如水。肃宗想任命他为右相时，他坚决辞让道："陛下待以宾友，则贵于宰相矣，何必屈其志！"肃宗只好作罢。此后，李泌一直参与军国要务，协助肃宗处理朝政，军中朝中，众望所归。肃宗总想找个机会给予李泌一个名号。

肃宗每次与李泌巡视军队时，军士们便悄悄指点道："衣黄者，圣人也；衣白者，山人也。"肃宗听到后，即对李泌道："艰难之际，不敢相屈以官，且衣紫袍以绝群疑。"李泌不得已，只好接受，当他身着紫袍上朝拜谢时，肃宗又笑道："既服此，岂可无名称！"马上从怀中取出拟好的诏敕，任命李泌为侍谋军国、元帅府行军长史。元帅府即天下兵马大元帅太子李俶之府署。李泌不肯，肃宗劝道："朕非敢相臣，以济艰难耳。俟贼平，任行高志。"这样，他才勉强接受下来。肃宗将李俶的元帅府设在宫中，李泌与李俶总有一人在元帅府坐镇。李泌又建议道："诸将畏惮天威，在陛下前敷陈军事，或不能尽所怀；万一小差，为害甚大。乞先令与臣及广平（即广平王李俶）熟议，臣与广平从容奏闻，可者行之，不可者已之。"肃宗采纳了这一建议，这实际上是赋予李泌朝政全权，其地位在诸位宰相之上。当时，军政繁忙，四方奏报自昏至晓接连不断，肃宗完全交付李泌，李泌开视后，分门别类，转呈肃宗。而且，宫禁钥匙，也完全委托李泌与李俶掌管。

面对如此殊遇，李泌并不志满气骄，而是竭心尽力，辅助肃宗，在平定乱军，收复两京以及朝纲建设上，都建有不可替代之功，实际上是肃代两朝的开朝元勋。

平定安史之乱后，肃宗返回长安，李泌不贪恋恩宠与富贵，向肃宗提出要退隐山林，他说："臣今报德足矣，复为闲人，何乐如之！"肃宗则言："朕与先生累年同忧患，今方相同娱乐，奈何遽欲去乎！"李泌陈述道："臣有五不可留，愿陛下听臣去，免臣于死。"肃宗问："何谓也？"李泌答道："臣遇陛下太早，陛下任臣太重，宠臣太深，臣功太高，迹太奇，此其所以不可留也。"可以说，李泌的这五不可留，还是十分深刻的，尤其是"任臣太重、宠臣太深、臣功太高"更是三项必去的理由。身受宠荣，能冷眼相对，不沉迷其中，这是难得的政治家气度。肃宗听后，有些不以为然，劝道："且眠矣，异日议之。"李泌则坚持道："陛下今就臣榻卧，犹不得请，况异日香案之前乎！陛下不听臣去，是杀臣也。"说到这儿，肃宗有些不高兴了，反问道："不意卿疑朕如此，岂有如朕而办杀卿邪！是直以朕为勾践也！"李泌还是坚持道："陛下不办杀臣，故臣求归；若其既办，臣安敢复言！且杀臣者，非陛下也，乃'五不可'也。陛下昔日待臣如此，臣于事犹有不敢言者，况天下既安，臣敢言乎！"

肃宗无可奈何，只好听其归隐嵩山。代宗李亻叔即位后，又将他召至朝中，将他安置在蓬莱殿书阁中，依然恩宠有加。但此时，李泌却居安思危，感受到了他与代宗之间的微妙变化。当李亻叔为太子时，局势动荡，其皇储之位也不稳定，因此，他视李泌为师长，百般倚重，而李泌也尽心辅佐，几次救其于危颠。现在，他是一国之君，对于往昔的这位师长、勋旧固然有道不尽的恩宠，但也有种种道不明的不安与不自如。

这时，朝中有一位专权的宰相元载，这位宰相大人，与李泌是截然相反的人物。他凭借代宗的宠任，志气骄逸，洋洋自得，自认为有文才武略，古今莫及。他专擅朝政，弄权舞智，僭侈无度。曾有一位家乡远亲到元载这儿求取官职，元载见其人年老不堪，猥猥琐琐，便未许他官职，写了一封给河北道的信给他。老者走到河北境内后，将信拆开一看，上面一句话也没有，只是签了元载之名，老者十分不悦，但既已至此，只好持此信去拜谒节度使。僚属们一听有元载书信，大吃一惊，立即报告节度使。节度使派人将信恭恭敬敬地存到箱中，在上等馆舍招待老者，饮宴数日。临行时，又赠绢千匹。这可见元载的威权之重。

就是这位元载，见李泌如此被信用，十分忌妒，与其同党不断攻击李泌。在李泌重回朝中的第三年，也就是大历五年（770），江西观察使魏少游到朝中寻求僚佑，代宗对李泌道："元载不容卿，朕今匿卿于魏少游所，俟朕决意除载，当有信报卿，可束装来。"于是，代宗任命李泌为江西观察使的判官，这与李泌在朝中的地位可谓天上地下，太不相称，但李泌还是愉快地远赴江西。

客观地说，元载是不容李泌的，但元载虽为权臣，毕竟只是文人宰相，未握兵权，代宗若要除他，易如反掌，但值得玩味的是，在元载与李泌的天平上，代宗明显地偏向了前者，所以，要提出种种借口与许诺。

李泌到江西后七年，也就是大历十二年，代宗方罢元载相，以图谋不轨诛元载及其全家。元载倚宠专权，下场可悲。一年以后，大历十三年年末，代宗方召李泌入朝。李泌到朝中后，君臣之间有一段很有意思的对话。代宗对李泌道："与卿别八年，乃能诛此贼。赖太子发其阴谋，不然，几不见卿。"对这一解释，李泌似乎不能接受，他对答道："臣昔日固尝言之，陛下知群臣有不善，则去之。含容太过，故至于此。"对此，代宗只好解释道："事亦应十全，不可轻发。"

李泌到长安刚刚安顿下来，朝中新任宰相常衮即上言道："陛下久欲用李泌，昔汉宣帝欲用人为公卿，必先试理人，请且以为刺史，使周知人间利病，俟报政而用之。"这一建议，可以说是十分荒唐。李泌自肃宗时即参与朝政机要，多次谢绝任相的旨意，而肃宗也实际上将他视为宰相。代宗即位，召其至朝中，也是要拜为宰相，但李泌又拒绝就任。如今常以代宗欲用李泌为由，要将他放为州刺史，应当是秉承了代宗的旨意。所以，第二年初，代宗便任命李泌为澧州刺史，澧州是偏远州郡，对于这一明显带有贬谪含义的任命，李泌未发一言，还是再次离开长安，走马上任。

以后，李泌又改任杭州刺史。就这样，这位多次拒任宰相的政治家，在疏远与排斥中，常年在外流连，远离朝政。但李泌从未心灰意冷，无论是在江西，还是在澧州、杭州，他都勤于政务，"皆有风绩"。

至德宗在奉天（今沈阳）被围，又将李泌召至，不久，任命宰相，但李泌还是平心待物，淡泊自然，真正体现了宠辱不惊的宰相气度。

可以说，这种宠辱不惊的气度既是领导者入门的第一课，又是须终生修炼的必修课。没有谁会永远只行顺风船，总有磕磕绊绊的时候，从容的心态让你笑看云涌云散，你也才能在这风云挟裹中走得更远。

三做深解

宠辱面前以冷静自立

梁启超曾有这么两句诗："世事沧桑心事定，胸中还岳梦中飞"。世界上虽沧桑难料，我心事定，无论怎么变化，我心里有数。的确如此，古今中外所有的伟人，定有遇事不慌，沉着冷静的特点，也只有这样，他们才能正确地控制局势，取得成就。冷静的心态往往是成功的必要条件。一般来说，人们只要不是处在激怒、疯狂的状况下，都能保持自制并做出正确的决定。健康、正常的心态，不仅平时给生活带来幸福、稳定而且能在大难临头时，帮助你逢凶化吉转危为安。保持冷静的心态，就是时常让自己保持心情舒畅，找到一个心态平衡的支点，这样冷静就会慢慢地、慢慢地走近你。

除了冷静，平和的心态也是一种很高的为官境界。有人曾这样问苏格拉底："请告诉我，为什么我从未见过您皱眉？您的心情怎么总是这样好呢？"苏格拉底回答道："我没有那种失去了它就使我感到遗憾的东西。"不以物喜，不以己悲，这是为官的一种境界。"跌倒了并不可怕，重要的是懂得站起来时手里能够抓到一把沙子"。任何一次成功都不过是为官旅途中的一个驿站，它来源于平实，归终于平实。平和的心态对健康的积极作用，是任何药物所无法替代的，在竞争日益激烈的今天，领导者学会平和自己的心态对身心健康乃至事业的成败都是至关重要的。俗话说："心静自然凉"，如果领导者的心态、心境能够坦然、恬静、积极健康、顺其自然，那么即使是在炎热的夏天，也会有清凉的感觉。

能容纳异己是不以私害公的最好体现

▶▶ **领导警语**

《尚书·周官》说："贤明、能干的臣子互相推让，其中杰出的人才得以在位执政处事，那么百官就能和谐，百官不和，政治必定混乱不堪。"（《周官》曰："推贤让能，庶官乃和，不和政庞。"）

——《牧鉴·接人》

在一座著名寺院的大门上有一副对联，其中的上联是：大肚能容，容尽天下难容之事。什么算作难容之事？公正对待异己，在掌握权力的时候，不对曾经与自己有矛盾的人挟私报复，应该可以称为容下了难容之事。

唐朝的名相李泌与宋朝名相文彦博都是不计私情以大局为重的代表。安史之乱爆发后，李泌随肃宗至彭原（今甘肃镇原东），规划平叛大计。肃宗与李泌谈及李林甫，想命令诸将，克长安后，掘其冢墓，焚骨扬灰。李林甫是唐玄宗后期宠信的奸相，口蜜腹剑，害人无数。他曾谗害李泌，几致死地，按照常理，对肃宗这一想法，他自然会十分赞同。但李泌考虑的却不是个人私愤，他认为若是肃宗为首的新朝廷这样对待以往的怨仇，恐怕会波及安史叛军中的新仇人，使他们断了改过自新、归附朝廷的念头。因此，他提出："陛下方定天下，奈何雠死者，彼枯骨何知，徒示圣德之不弘耳。且方今从贼者皆陛下之雠也，若闻此举，恐阻其自新之心。"肃宗听后，十分不悦，反问道："此贼昔日百万危朕，当是时，朕弗保朝夕。朕之全，特天幸耳！林甫亦恶卿，但未及害卿而死耳，奈何矜之？"后在李泌的反复劝导下，肃宗接受了这一意见，并说："朕不及此，是天使先生言之也。"

文彦博也是一位颇有气度的宰臣。文彦博，字宽夫，宋汾州介休（今山西介休）人，仁宗时为相。仁宗宠幸张贵妃，对其从父张尧佐也厚加封拜，当时，谏官包拯、唐介等人激烈抗辞，反对此事。尤其是唐介，反对尤烈，而且还连及文彦博，他指斥文彦博向张贵妃进奉蜀锦，是因贵妃之故方登位宰辅，并要与文彦博当面对质。仁宗一怒之下，将唐介贬为英州别驾，而文彦博也被罢相。

文彦博复相后，谏官吴中复请召还唐介，文彦博不计前嫌，也向仁宗进言道："介顷为御史，言臣事系中臣病，其间虽有风闻之误，然当时责之太深，请如中复奏。"但仁宗不许，仅命迁官。至神宗时代，文彦博已是元老重臣，以太尉留守西京，唐介之子唐义问为其属下转运判官，颇有才干，惧文彦博报复，欲另寻仕途。文彦博当即召义问解释道："仁宗朝，先参政为台谏，所言之事，正当某罪。再入相时，尝荐汝父，晚同为执政，相得甚欢。"唐义问闻知后，十分感动，自此，与文彦博成忘年之交，常出入其门下。后文彦博荐唐义问为集贤殿修撰、荆南刺史。

李泌、文彦博都曾位至极品，而能够容纳异己是他们的共同特点，正是这种容人的肚量使他们做事事成，开创了不寻常的人生大局面。

三做深解

能容人处且容人

为官做领导的总会与人有一些摩擦，如果把这些琐事当是非的话，你就会有生不完的气。可能有时候别人的一句无心之语，却被你当成了挑刺、找碴，结果一头栽入了是非的泥潭中。还有的时候，确实是他人有心伤害你，但你的反击却产生了"越描越黑"的效果，事情没澄清，却惹来一肚子气。其实在一些非原则性的是是非非面前，我们无须去计较什么，心胸开阔一点，时间自然会替我们证明。谁人背后没人说，谁人背后不说人？别人说你两句，就让他说吧，只要无伤筋骨。非要和别人较劲，不是给自己找难受吗？做人是这样，做事情做领导也是这样。

不过分吹毛求疵、凡事皆留有回旋的余地，对微末枝节的小事不妨姑且放过，这乃是大部分中国人处事为人的信条。

日本的白隐禅师是一位修行有道的高僧。有一对夫妇，在白隐禅师住处附近开了一家水产店，他们有一个漂亮的女儿。无意间，夫妇俩发现女儿的肚子无缘无故地大起来。这种见不得人的事，使得她的父母震怒异常！在父母的一再逼问下，她终于吞吞吐吐地说出"白隐"两个字。这对夫妻怒不可遏地去找白隐理论，白隐静静地听完了对方的辱骂，只淡淡地应道："就是这样吗？"可事情并没有完，等那姑娘肚中的孩子降生后，姑娘的父母竟毫不犹豫地将婴儿送给了白隐。这着实是一件让白隐禅师难堪的事，"一位出家的和尚，竟与民女通奸，还生了孩子，出的是哪门子的家"，街谈巷议不绝于耳。这位白隐禅师尽管名誉扫地，但并不介意，他没有任何辩解，只是认真、细心地照顾着孩子——他向邻居乞求婴儿所需的奶水，买来其他婴儿用品，虽不免横遭白眼，或是冷嘲热讽，但他总是处之泰然，仿佛他是受人之托抚养别人的孩子一般，他只想让那个孩子一天天健康、快乐地成长。一年后，那位没有结婚的妈妈感到良心不安，终于不忍心再欺瞒下去了，她老老实实向父母吐露了真情：孩子的生父是在鱼市工作的一名青年。于是姑娘的父母羞愧万分地去跟白隐禅师赔礼道歉，并抱回孩子。白隐仍然是淡然如水，在交回孩子时仍然只是轻轻说道："就是这样吗？"

当领导者被别人误会和指责时，如果你事事都去解释或还击，往往会使事情越闹越大。不妨向白隐学习学习，把心胸放宽一些，没有必要去理会，难得糊涂，睁一只眼闭一只眼，这往往才是最好的解决方法。

一分的宽容会得到十分的回报

▶▶ **领导警语**

> 宽恕别人的错误，就是帮助别人改正错误；用激烈的态度对待别人的错误，就是要让别人再错上加错。（宽人之恶者，化人之恶者也；激人之过者，甚人之过者也。）
>
> ——《菜根谭》

做人要宽容一点，要允许别人犯错误。尤其是做领导的，如果能设身处地地体谅、宽恕下属的一些小错误，下属往往会加倍努力，做得更好，并寻找机会证明自己的能力。

春秋时，楚庄王有一次和群臣宴饮，当时是晚上，大殿里点着灯，正当大家喝得酣畅之际，一阵风把灯烛吹灭了。这时，庄王身边的美姬"啊"地叫了一声，庄王问："怎么回事啊？"美姬对庄王说："大王，刚才有人非礼我。那人趁着烛灭，牵拉我的衣襟时，我扯断了他帽子上的系缨，现在还拿着，赶快点灯，抓住这个断缨的人。"

庄王听了，说："是我赏赐大家喝酒，酒喝多了，有人难免会做些出格的事，没啥大不了的。"于是命令左右的人说："今天大家和我一起喝酒，如果不扯断系缨，说明他没有尽欢。"群臣一百多人马上都扯断了系缨而热情高昂地饮酒，尽欢而散。

过了三年，楚国与晋国打仗，有一位将军常常冲在前边，勇猛无敌。战斗胜利后，庄王感到惊奇，忍不住问他："我平时对你并没有特别的恩惠，你打仗时为何这样卖力呢？"他回答说："我就是那天夜里被扯断了系缨的人。"

瞧，被宽容者心里可是一直没有忘记宽容啊。

还有一个故事。春秋时秦穆公的一匹良马被岐下三百多个乡下人偷着宰杀吃了。秦国的官吏捕捉到他们，打算严加惩处。秦穆公说："我不能因为一条牲畜就使三百多人受到伤害。听说吃了良马肉，如果不喝酒，对身体会有害。赏他们酒喝，然后全放了吧。"

后来，秦国和晋国在韩原交战。这三百多人闻讯后都奔赴战场帮助秦军。正巧穆公的战车陷入重围，形势十分险恶。这些乡下人便高举武器，争先恐后地冲上去与晋军死战，以报答穆公的食马之德。晋军的包围被冲散，穆公终于脱险。

汉代的丙吉任丞相时，他的一个驾车小吏喜欢饮酒，有一次他随丙吉外出，竟然醉得吐在丞相的车上。丞相属下的主吏报告说，应该把这种人撵走。丙吉听到这种意见后说："如果以喝醉酒的过失就把人撵出去，那么让这样的人到何处安身？暂且容忍他这一次的过失吧，毕竟只是把车上的垫子弄脏了而已。"

这个驾车小吏来自边疆，对边塞在紧急情况下的报警事务比较熟悉。他有一天外出，正好遇见驿站的骑兵手持红白两色的袋子飞驰而来，便知道是边郡报急的公文到了。到了城中，这个驾车小吏就尾随着驿站骑兵到公车署（汉代京都负责接待臣民上书、征召和边郡使者入朝的机构）打探详情，了解到敌虏入侵云中、代郡两地，急忙回来求见丙吉，向他报告了有关情况，并且说："恐怕敌虏所入侵地区的地方官员因年迈病弱，反应不灵，不能胜任军事行动了。建议您预先了解一下有关官吏的档案材料，以备皇上询问。"丙吉认为他讲得很有道理，就让管档案的官吏把有关材料详细报来。

不久，皇上下诏召见丞相和御史，询问敌虏入侵地区的主管官员的情况。丙吉一一做了回答。而御史大人陡然之间不知详情无法应对，因此受到皇上的斥责。

丙吉显得非常忠于职守，时时详察边地军政情形，实际上这是得力于驾车小吏！

容忍他人小的过失，他会以自己的一技之长来感谢；而责备只会让人徒增怨恨。被宽容者往往把感恩之情压在心底，一旦有机会能让其发挥长处时，他必定会竭尽所能地报答。由此看来，那些终日寻求他人过错、动辄对人大声责骂的人，岂不是太愚蠢了吗？

三做深解

原谅别人就是在原谅自己

四川青城山有这样一副对联："事在人为，休言万般皆是命；境由心造，退后一步自然宽。"自古以来，宽厚的品德、宽容的心态就为世人所称道，心胸狭窄则被认为是一种病态。当人与人之间有了矛盾以后，一般人往往心怀怨恨、久久不能释怀。这种心态与其说是在和仇人做对，还不如说是和自己较劲。

所谓宽容的心态就是以宽广的胸怀和包容的心态，去面对人和事。宽容本身包含着谦逊。常言道：满招损，谦受益。一个人如果不能虚心求教，就不能有效地吸纳有益于自身发展的精神食粮，只有具有海纳百川、有容乃大的心态才能取长补短，充实、拓展、成就自我。

　　宽容不仅是一种与人和谐相处的心态，一种时代崇尚的品德，更是吸收他人长处充实自我价值的良好品质，"宰相肚里能撑船"，既然要做一个能位于一人之下，万人之上的人就必须拥有一颗和常人不一样的宽容之心。

　　一个领导者想成功，只有时时多为别人着想，将心比心，设身处地，宽容别人，这样才能得到更多的人理解和支持、理想才会更易实现。试想一下在现代社会中，在谈判桌上，双方都互不相让，无法宽容对方，都想赢得更多的利益，结果往往会造成僵持、不欢而散的结果。

　　针对一个与你观点不一致，或者你认为是与你唱反调、不配合你的人，哪怕他是一位"作恶多端"的人，只要你对他拥有一颗宽容的心，若能加以正确引导和启发，则往往会与他化敌为友，说不定还会成为你成功道路上的知心朋友和伙伴。因为你要明白：一味敌视别人或不能原谅别人，实际上你是在不原谅自己，在自寻烦恼，伤害了别人，同样也伤害了自己。

不能容人者难被人容

▶▶ **领导警语**

　　人如果用希望上级对待自己的态度去对待下属，那么下属会不拥护他？人如果用希望下级对待自己的态度去侍奉上司，那个上司会不喜欢他？（人以其所愿于上以交其下，谁弗戴？以其所欲干下以事其上，谁弗喜？)

——《淮南子·缪称》

　　人与人之间的关系都是有来有往，就像有作用力就必然会有反作用力。所以，有肚量容人，才能被人所容；反之，如果自视清高，容不下别人，别人自然也容不下他，这无疑是给自己的为官和成事之路设下了障碍。

　　三国时候，祢衡很有文才，在社会上很有名气，但是，他恃才傲物，不把别人放在眼里。经常说除了孔融和杨修，"余子碌碌，莫足数也"。容不得别人，别人自然也容不得他。所以，他"以傲杀身"，被黄祖杀了。

　　祢衡经过孔融的推荐，去见曹操。见礼之后，曹操并没有立即让祢衡坐下。祢衡仰天长叹："天地这么大，怎么就没有一个人！"曹操说："我手下有几十个人，都是当今的英雄，怎么说没人？"祢衡说："请讲。"曹操说："荀、荀攸、郭嘉、程昱机深智远，就是汉高祖时候的萧何、陈平也比不了，张辽、许褚、李典、乐进勇猛无敌，就是古代猛将岑彭、马武也赶不上；还有从事吕虔、满宠，先锋于禁、徐晃；又有夏侯忄享这样的奇才，曹子孝这样的人间福将。怎么说没人？"祢衡笑着说："您错了！这些人我都认识，荀可以让他去吊丧问疾，荀攸可以让他去看守坟墓，程昱可以让他去关门闭户，郭嘉可以让他读词念赋，张辽可以让他击鼓鸣金，许褚可以让他牧羊放马，乐进可以让他朗读诏书，李典可以让他传送书信，吕虔可以让他磨刀铸剑，满宠可以让他喝酒吃糟，于禁可以让他背土垒墙，徐晃可以让他屠猪杀狗，夏侯忄享称为'完体将军'，曹子孝叫做'要钱太守'。其余的都是衣架、饭囊、酒桶、肉袋罢了！"

曹操很生气，说："你有什么能耐？敢如此口出狂言？"祢衡说："天文地理，无所不通，三教九流，无所不晓，上可以让皇帝成为尧、舜，下可以跟孔子、颜回媲美。怎能与凡夫俗子相提并论！"这时，张辽在旁边，拔出剑要杀祢衡，曹操阻止了张辽，悄声对他说："这人名气很大，远近闻名。要是杀了他，天下人必定说我容不得人。他自以为了不起，所以我要他任教吏，以便侮辱他。"一天，祢衡去面见曹操，曹操特意告诉看门人："只要祢衡到了，就立刻让他进来。"祢衡衣衫不整，还拿了一根大手杖，坐在营门外，破口大骂，使曹操侮辱祢衡的目的没能达到。有人又对曹操说："祢衡这小子实在太狂了，把他押起来吧！"曹操当然很生气，但考虑后还是忍住了，说："我要杀他还不容易？不过，他在外总算有一点名气。我把他送给刘表，看看结果又会怎么样吧。"就这样，曹操没有动祢衡一根毫毛，让人把他送到刘表那儿去了。

到了荆州，刘表对祢衡不但很客气，而且"文章言议，非衡不定"。但是，祢衡骄傲之习不改，多次奚落、怠慢刘表。刘表又出于和曹操一样的动机，把他送给了江夏太守黄祖。

到了江夏，黄祖也能"礼贤下士"，待祢衡很好。祢衡常常帮助黄祖起草文稿。有一次，黄祖曾经握住他的手说："大名士，大手笔！你真能体察我的心意，把我心里想说的话全写出来啦！"但是，后来在一条船上，祢衡又当众辱骂黄祖，说黄祖"就像庙宇里的神灵，尽管受大家的祭祀，可是一点儿也不灵验。"黄祖下不了台，恼怒之下，把祢衡杀了。祢衡死时不到三十岁。曹操知道后说："迂腐的儒士摇唇鼓舌，自己招来杀身之祸。"

自傲是宽容的敌人，自傲的人即使如关羽之勇、有祢衡之才，但因为缺少了宽容，也只能落得个悲惨的下场。

三做深解

千万不要卖弄聪明

苏格拉底一再告诫他的门徒："你只知道一件事，那就是你一无所知。"孔老夫子也说："人不如，而不恨，不亦君子！"这些话，有一个共同的意思，就是你即使真的很聪明，也不要太出风头，要藏而不露，大智若愚。也就是说，在做人处世中，不要卖弄自己的雕虫小技，不要显得比别人聪明。对于领导者而言更是如此。

世上有一种人很喜欢卖弄自己，他们掌握一点本事，就生怕别人不知道，无论在什么人面前都想"露两手"。这种人爱出风头，总想表现自己，对一切都满不在乎，头脑膨胀，忘乎所以。这种人即使能成为领导十个有十个要失败。那么，在做人处世中应该如何做，才是不卖弄自己的聪明呢？不妨从以下三方面注意：

第一，要在生活枝节问题上学会"随众"，萧规曹随，跟着别人的步履前进。这种随众附和的做人方法，至少有两大实际意义：一，社会上的群居生活，需要大家互相合作。二，在某些情况下，当你茫然不知所措时，你该怎么办？当然是仿效他人的行为与见解，从而发掘正确的应对办法。

第二，不要让人感觉你比他聪明。如果别人有过错，无论你采取什么方式指出别人的错误：一个蔑视的眼神儿，一种不满的腔调，一个不

159

耐烦的手势，都可能带来难堪的后果。

第三，贵办法不贵主张。换一句话说，就是多一点具体措施，少一些高谈阔论。譬如，上司和同事或者朋友，希望你帮助他办某件事，你可以拿出一套又一套的办法，第一套方案，第二套方案，总之，你千方百计把问题解决了，这比发表"高见"，不是有意思得多吗？不说空话，而又能干得成实事，你将给人一种沉稳的成熟者形象。

不要把别人都看成是一无所知的人。其实，我们周围的人，和你一样，都各有主张。但多数人都不喜欢采纳别人尤其是下属的主张，因为这往往会被认为有失身份，有损体面。如果我们把同事都看成是庸才，只有我们自己有真知灼见，于是在一个团体内，多发主张，结果被采纳的百分比，恐怕是最低的，而且很可能是最先被淘汰出局的人。"聪明"是相对的，是对某一具体的方面、具体的人而言的。你在这个人面前很聪明，而在另一个人面前，很可能就不怎么样。所以，聪明还是不"聪明"并不是什么做官的资本，根本不值得卖弄。

于小事上不计较才是做大事的气量

▶▶ **领导警语**

职位高的领导者，他的工作不应该太烦琐具体；老百姓多的国家，对民众的教管不要过于严苛。高层领导事务过于琐碎就难以把国家治理好，法令过于烦苛就难以施行。（位高者事不可烦，民众者教不可苛。夫事碎难治也，法繁难行也。）

——《淮南子·秦族》

一个人肚量大小更多地在一些小事上体现出来，因为小事之争往往是面子之争、恩仇之争，恰好在做大事的人看来，这些事根本就不值一争。尤其作为领导者，如果处处跟人争一时之气与一时之利，他的为人与为官都不会有什么大的出息。

宋朝时吕蒙正为相似气量大而闻名。宰相身居一人之下万人之上，威权赫赫，但吕蒙正却并未妄自尊大，相反却保持了谦谦的君子风范。面对他人的冒犯，吕蒙正也不喜记人之过，体现出容人之量。正是因为这种豁达的大家风度，才使他赢得了别人的敬重。

据《宋史》记载，吕蒙正任宰相时，有人自称家中珍藏着一面古镜，能照二百里。为求知遇，此人愿将这面珍奇的古镜送给吕蒙正。吕蒙正听说后哈哈大笑，说："吾面不过镜子大，安用照二百里？"此人羞愧而出。此事传出，闻者对此无不叹服：昔日先贤都难以做到不为物所累，而吕蒙正却能坦然面对，怎不令人钦佩！

吕蒙正对子女的要求也比较严，从未利用自己的权利为子女谋私。在吕蒙正之前，宰相卢多逊之子卢雍初做官即授水部员外郎。以后，此举成为惯例，凡宰相之子初任官职，即授水部员外郎。吕蒙正之子吕从简照例被授此职后，吕蒙正认为自己的儿子年纪轻轻，资历甚浅，尚无寸功便被授予高官，这样做很不合适。于是他上奏皇帝说，当初我科举及第时只不过做了一个九品京官，现今天下卓有才干而在野之人很多，对贵族子弟不应该越级提升。我的儿子"始离襁褓，一物不知"，却蒙皇上恩宠赐予高官，请皇上降其官职，初做官应从九品官开始。吕蒙正的这一意见为皇帝所采纳。从此以后，宋宰相之子初任职时只授九品京官，并定为国家法规。面对自己的儿子，吕蒙正这种丝毫不徇私情的行为，令朝中上下称赞不已。

与一些睚眦必报之人相比，吕蒙正的宽以待人、不计私怨更让人称羡。吕蒙正小时候，曾与母亲刘氏一起被身为朝官的父亲吕龟图赶出家门。但当他考中状元、为官之后，却并未记取父亲之仇，而是将父母都接到身边，"同堂异室"，一起奉养。对其他一些触犯过自己的人，吕蒙正同样不计前嫌，甚者也无意深究。吕蒙正任参知政事（副宰相）时，年纪尚轻，有人很看不起他。有一次上朝时，一位官员隔帘指着他议论道："此小子亦参政耶？"吕蒙正却假装没听见，径直走了过去。同僚为他抱不平，准备追查议论者的官位姓名，吕蒙正当即予以制止。罢朝后，这位同僚仍耿耿于怀，愤愤不平，后悔当时没有及时查问清楚。吕蒙正却说，一旦我知道了姓名，恐怕终身都不会忘掉，这样不好，还不如不知道为好。如此肚量，使人不得不服。

还有一次，吕蒙正初任宰相，因蔡州知州张绅贪污受贿，吕蒙正就将其免职。有人对宋太宗说，张绅家中富裕，不至于贪污受贿，恐怕是吕蒙正在以前贫困之时敲诈勒索张绅不成，所以现在寻机报复。宋太宗听信此言，即命张绅官复原职。吕蒙正对此也不作辩解。后来考课院查明张绅确有贪污受贿之实，又将其贬黜为绛州团练副使。吕蒙正再次为相时，宋太宗感叹地对他说："张绅果有赃。"算是为吕蒙正昭雪。吕蒙正却并未借机表白自己，只是淡然一笑，既不申辩，也不谢恩，对此事全不在意。

有一则关于吕蒙正"饭后钟"的故事，也充分体现了他大肚容人的海量。吕蒙正少时与母亲一起栖身于龙门山的一个窑洞，因身无分文，吃饭靠寺庙僧人施舍。有些僧人借机刁难、戏弄吕蒙正，提出要想吃饭就得为寺庙敲钟，吃一餐，敲一次，不敲钟就不给饭吃。吕蒙正无奈，只得忍气吞声每日敲钟三次，这就是所谓的"饭后钟"。但吕蒙正为官之后，对当初刁难自己的僧人并未记仇，反倒感谢他们，予以奖赏，众僧为此羞愧难当，对吕蒙正也平添几分敬仰。

三做深解

小事糊涂又何妨

有不少的领导者，对于下属的一些小是小非的问题最感兴趣，最爱打听，也最爱处理。他们不知道，下属在领导者面前，普遍存在着一种压抑感和被动感。他们的缺点错误，他们身上发生不光彩的事情，最怕领导者知道。他们的一些问题被领导知道了，虽然本来是小事，但他们不知道领导者作不作小事看，上不上纲，老担着心。所以，对那些鸡毛蒜皮的小事，要运用糊涂的办法，懒得去听，懒得去看，就是请你也不要去。如果听见了就装作耳聋，没听见；看见了，就装眼瞎，没看见。而且在思想上要真心当作一点不知道那样泰然处之，在嘴巴上真正当作一点不知道那样从不谈及。对于那些因风俗习惯引起的一些问题，或者妇女们、青年人、老年人之间发生的一些无伤大雅、无关大局的问题，领导者最好不去过问，知道了也应装着不知道。如果下属已经发现你知道了，不能采用"装不知"的办法了，则可以采取"装不懂"的办法来应付，摇摇手，说声："这个我不懂。"并不再追问。

七十二行，行行有"行话"，许多人中间互相有"暗话"，某些"行话"、"暗话"，下属最忌领导者知道，因为这些是用来互相取笑、互相俏骂的。对于这样的"行话"、"暗话"，就是你听到了，又知道了其中的意思，也要装不懂，即使自己被骂上两句也要装傻，甚至还傻笑几声。这样彼此间会出现一种热闹而有趣的气氛。如果认真去分析，严肃去教育，倒会使大家索然，一点好处也没有。在这类问题上，装聋卖傻，并不失声望。糊涂的技巧是一种成功之道，当然这是指小事情的小糊涂。如果一切皆明白于心，恐怕会心生烦乱，干扰工作。其实，巧妙地装糊涂更是一种真聪明，显示出智慧，不但给各种繁杂的事情涂上润滑油，使得其顺利运转，也能使生活中充满笑声，显得轻松明快。

▶▶ 第十章 求主动

领导赏识是更上一层楼

最大的推动力领导者要想让自己的事业更上一层楼，善于管理、做好本职工作等都是不可缺少的条件，但也绝不能忽略一个至关重要的因素，那就是上级领导的赏识，因为他是你的"老板"，是你事业高度的决定者。你只有在领导面前用积极主动的作风和精神面貌去赢取信任，才不致陷入被动，这也是领导之道中交换法则的一种应用。

对事业要首先做到忠心耿耿

▶▶ 领导警语

上天时刻监视着世上的人，不论善恶，都必定有报应。善行

中最好的是忠心，恶行中最坏的是不忠。忠心则能得到福禄，不
忠则受到刑罚。（惟天监人，善恶必应。善莫大于作忠，恶莫大于
不忠。忠则福禄至焉，不忠则刑罚加焉。）

——《忠经·证应章第十六》

在中国封建社会，君臣一直是相辅相成的。皇帝拥有至高无上的权
力，但又必须通过臣辅来实现自己的统治。皇帝依靠宰辅治理国家以巩
固统治，宰辅则依靠皇帝的信任重用方可以施展才华以安居高位。

公元前 201 年，刘邦摧败项羽，夺取天下，登上皇帝位，刘邦为了
酬赏跟随他南征北战的文臣武将们，决定论功行封。然而，由于群臣争
功，"岁余功不决"，后来刘邦以萧何功劳第一，首先封他为郴侯，食邑
8000 户。同时，"赐带剑履上殿，入朝不趋"的殊荣。刘邦对萧何的封
赏立即引起了他手下将领的不满，他们喧嚷大哗，愤愤不平："臣等身
披坚执锐，多者百余战，少者数十合，攻城略地，大小各有差。今萧何
未尝有汗马之劳，徒持文墨议论，不战，顾反居臣等上，何也？"面对
这些有着赫赫战功的将领们，刘邦说了一番既粗莽但又有哲理的话语。
刘邦说："诸君知猎乎？"众将答曰："知之。"又问："知猎狗乎？"回答：
"知之。"刘邦严肃地说："夫猎，追杀兽兔者狗也，而发踪指示兽处者
人也。今诸君徒能得走兽耳，功狗也；至如萧何，发纵指示，功人也。
且诸君独以身随我，多者两三人。今萧何举宗数十人皆随我，功不可忘
也。"群臣听后，个个面面相觑，无敢再言。

刘邦对萧何的行封与评价，是十分公允的。萧何在辅佐刘邦定天下
的事业中，确实建立了卓越的功勋。君臣两人在创建和巩固汉皇朝的过

程中，一直相辅相成，配合默契。

远在刘邦尚未发迹时，萧何作为秦沛令主吏掾就多次周济刘邦，脱刘邦于困境之中。公元前 209 年，陈胜、吴广起义后，又佐刘邦起事响应，拥立刘邦为领袖。在近三年的反秦战争中，身为丞都事的萧何不离刘邦左右，日夜操劳，谋划军务，督办众事，是刘邦最有力的辅佐之一。公元前 206 年十月，刘邦统率起义军攻占咸阳，秦王子婴投降。起义军一入咸阳，诸将就纷纷涌向秦府库，掠取金帛财物，刘邦也被胜利冲昏头脑，一头扎进秦皇宫中，贪恋宝货美女而舍不得离开。这时候，唯独萧何对金帛财货不屑一顾，急忙赶往秦丞相御史府，收取秦朝的律令、图书和各种档案材料，表现了一个政治家治国理政的远见卓识。在随后爆发的楚汉战争和刘邦初创帝业的艰难时期，刘邦之所以能够对天下的山川要塞、户口多少、形势强弱、民生疾苦了如指掌，并据此采取相应措施，全赖于萧何这一及时收取秦图书档案之举。

十二月，项羽率大军打进关中，裂地分封，把刘邦封于西南巴蜀地区，为汉王，企图将刘邦阻隔在封闭的山坳里，使其无法进入中原与己争天下。对此，刘邦非常恼怒，决心与项羽决一雌雄。手下大将周勃、樊哙等也主张与项羽抗争。此时此刻，萧何却冷静地分析形势，对刘邦进行耐心的开导。萧何说："虽王汉中之恶，不犹愈于死乎？"即在汉中称王，即使条件再差，也比白白送死好些。萧何一句话，使暴躁的刘邦猛然惊醒，他忙问萧何："何为乃死也？"萧何说："今众弗如，百战百败，不死何为？"接着又为他分析了刘、项双方实力对比悬殊的形势，劝刘邦能屈能伸，不要急于与对方发生正面冲突。应先屈居汉中，安抚百姓，招贤纳士，积聚力量，然后以巴蜀为基地，伺机出师关中，逐鹿中原，与项羽争天下。沉稳的萧何经过耐心的劝导，使暴怒烦躁的刘邦镇静下来。于是，刘邦听取萧何的意见，并拜萧何为丞相，率师入汉中。萧何作为刘邦的得力助手，在关键时候为刘邦日后的勃兴奠定了基础，他明确提出了"收用巴蜀，还定三秦"的进军策略。并协助刘邦，加以具体实施，在此基础上，又提出了更深远的一统天下的宏图，为实现这一宏图，除了自己兢兢业业地辅佐刘邦外，他还特别注意为刘邦物色智勇双全的大将。萧何通过与当时任小吏的韩信交谈和接触后，看出他的才能，并决计推荐给刘邦。当韩信见重用无望、愤而出走后，萧何便不顾一切，将其追回，并劝刘邦拜这位"国士无双"的当时还默默无名的小卒为大将。刘邦相信萧何的知人之明，便听从其建议，择日斋戒，设坛场具礼，隆重地拜韩信为大将。后来，韩信在楚汉战争中果然屡建巨勋，为汉王朝的建立立下大功。

综上所述，可以看到，君臣相得是要默契、不疑，但宰辅们对君主与王朝的贡献也是重要因素。萧何本人并没有身随刘邦参与攻城略地的楚汉大战，而是以丞相身份留守后方根据地，为前方输送士卒粮饷。在刘邦率兵进攻关中的岁月，他"留守巴蜀，镇抚谕告，使给军食"。当刘邦挥兵出关、乘胜东进时，萧何又留守关中。他身居关中，心系天下，为治理好关中，辅佐刘邦创建帝业，他倾注了自己全部的心血。他一边侍奉太子，修治临时国都栎阳（今陕西临潼栎阳），建宗庙、社稷；一边制定法令规章，安抚百姓，发展生产，使满目疮痍的关中很快成为富庶兴旺之地，源源不断地为刘邦输送去充足的兵士和粮草。刘邦对后方的萧何也给予了极大的信任，对他的意见特别尊重。后方的诸军国大事，甚至一些法令的制定和颁布，刘邦也都放手让萧何"便宜行事"，或"先斩后奏"，事后并都予以认可肯定。这样，君臣二人，一位坐镇前线，指挥将帅攻城略地，一位身居后方，足食足兵，不断为前线补充给养。虽君臣分居二地，但两地一心，配合默契。对取得楚汉战争的胜利起到了巨大作用。如公元前205年的彭城之战中，刘邦前后死伤20多万人，"睢水为之不流"，项羽将刘邦重重围了三层，最后刘邦只与数十骑兵逃出重围，困守荥阳。在此紧急关头，萧何又紧急动员关中"老弱未傅，悉诣荥阳"补充军力，使汉军军威再振。刘邦这次与后来的几次几乎全军覆没，全赖萧何在关中后方的大力支援，使刘邦重新振作起来。实际上，萧何在关中的所作所为，牵动着刘邦定立天下的全局。

所以，刘邦在给群臣论功行赏时，将萧何排第一：谒者鄂千秋也公正地指出；"萧何转漕关中，给食不乏，陛下虽数亡山东，萧何常全关中以待陛下，此万世之功也。"

萧何不仅对刘邦始终忠心无二，同心同德，赢得了刘邦的信任和尊崇，而且直到惠帝时，萧何对君王的忠诚一如既往，君主对萧何也同样倚重。

萧何是中国历史上作为宰辅的典范，他的成功首先就在于"忠心"二字，有了忠心，让帝王认识到这样忠心，他才可以放手发挥才干，才可以成就一番功业。

三做深解

打造个人的忠诚品牌

所谓品牌就是：别人卖不出去，我能卖出去；别人卖得少，我卖得多；别人卖得便宜，我卖得贵。当然，这是相对于商品来说的，商品的品牌包括诸多因素，如产品质量要好，这是基础；商品要美观、实用等等。但作为一个人来说，属于自己的品牌，至少是商品意义上的品牌，你就会在这个社会上吃香，品牌源于竞争，而最后也终于竞争。树立你自己的品牌，至关重要。如果说质量好是商品属性的基础，那么无疑，忠诚将是你在职场上的重要底牌。其实，人的品牌就和商品一样，商品只要不偷工减料、价格实在，就能争取一定的消费者，建立相当程度的品牌。做人、做领导也是同理！对于人来说，品牌就是你将人性中至美的一面发挥到极致，而尽量抑制人性中黑暗的一面，将对于自己发展有利的一面全方位地展现给大家。而忠诚更是这一品牌中含金量最大的一部分。在日常之人事交往中，诚信之心必须贯彻于人的实际行动中，此与彼的关系就是建立在相互诚信基础之上的。彼此诚信的程度，确立二者心心相印的程度。若有一方失去诚信之心，他也就会失去对方诚信的回应。

所以，诚信之心不仅适应于治身，同样也适应于管理。切莫妄图以不诚信的虚伪能赢得诚信的回应，"人之所畏，亦不可以不畏人"，有什么样的心态就会得到什么样的报应，机巧之心所得到的报应只能是与之相应的混乱。如果我们每个人都多一分诚信，那么你的工作环境将是一个和谐的大家庭。在一个人的职业生涯中，如果树立起了"忠诚"这一个人品牌，就等于拥有了打开升迁之路的敲门砖。

对上级要以诚相待

子路向孔子请教如何侍奉君主。孔子回答说："不能欺骗君主，但应该进谏规劝他。"（子路问事君。子曰："勿欺也，而犯之"。）

——《论语·宪问》

领导者最不能容忍下属的缺点就是欺骗，所以在封建时代臣子一旦犯了欺君之罪是要杀头的。不在这个问题上犯错误，是领导者需要具备的基本素质。

宋朝鲁宗道曾在东宫担任谕德官。一天，真宗要召见他，派去的人到他家时，他却不在。等了好久，他才从仁和酒店喝酒回来。

派去的中使对他说：

"皇上要是责怪你来晚了，是不是找个什么理由来搪塞一下？"

宗道说：

"就实话实说吧。"

中使说：

"皇上怪罪下来怎么办？"

宗道正色道：

"喝酒，是人之常情；欺君，可是臣子的大罪。"

中使把他的话告诉了皇上。真宗问宗道：

"为什么要私自去酒店？"

宗道谢罪说：

"臣的家穷，没有喝酒的家什。正好赶上有乡亲远道而来，我只好请他去酒店喝酒。但臣以为臣换下了朝服，街上没有人能认出我来。"

真宗龙颜大悦，笑着说：

"爱卿是朝廷的臣子，这回怕要受到御史的弹劾了。"话是这么说，但从此真宗对他另眼相看，认为他为人忠诚正直，可以重用。果然，后来鲁宗道当上了龙图阁大学士。

大智者不逞智。鲁宗道犯了过失，他没有想着去掩盖，反而实话实说。这看上去似拙，实际上是巧。因为毕竟过失不大，而且还情有可原。但如果撒了谎，被皇帝发现，那就犯了欺君大罪。为了掩饰小过而犯大错，得不偿失。而实话实说，既表明了自己的清廉（想想看，家里居然没有酒具），更赢得了真诚正直的美名。

有时说假话是不得已而为之。但一味说假话，难免没有穿帮的时候。这就像喊"狼来了"的孩子，人们发现上了当，就算狼真的来了，也再不会相信。在小事上绝不能说谎，如果一次说谎被上级发现，就再也无法得到上级的信任，实在不值。为自己树立起诚信的形象，远比凡事说谎要划得来。

事实上，一些疑心颇重的上司也确实耍一些小手段来考验手下人诚实与否。像清朝雍正皇帝曾暗派密探监视臣下的一举一动，并根据密探的报告考察大臣们说话的真假。在这种情况下，一丁点的虚假就可能招来杀身之祸。

三做深解

赢得上司的信任最主要

获得上司的信任，是领导者成功的第一步，因为没有信任的合作，是绝对不可能长久的。

作为一个好的领导者，要有"不选择上司"的觉悟。无论上司与自己的思想、性格、作风等方面有什么差异，都应十分尊重上司，并心悦诚服地接受其领导。

（1）要摆正自己与上司的关系

作为领导者，你有责任也应该为上司当好助手和参谋，尽最大努力为上司创造做好工作的条件，搞好优质服务，建立起正常的、融洽和谐的上下级关系。你在产生对上司"反感"的情绪后，不妨先扪心自问，检查一下自身的认识和行动是否正确，再调查一下周围的人对上司的印象和看法，如果是你错了，就应该深刻反思，总结经验，吸取教训，注意改变对上司的态度，以求得上司的谅解和帮助。如果你觉得由于你自己的问题，上司对你已经有了不好的看法，这时你应主动找上司汇报思想，诚恳检查自身的缺点，作自我批评，以唤起上司对你的新的信任和好感。

（2）不要耍两面派

作为领导者，在上司面前，也是部下，与上司朝夕相处，应该有话说在当场，切忌当面不说，背后乱说。尤其是在受到上司批评后，更不能"当面软如棉，背后硬如石"，有意见有想法不在上司面前说，而在背后不分场合地到处乱说。这实际上是一种两面派的行为。因此，在向上司认错后，就不应该在另外的场合发泄不满。如果那样，不论你是有意识的，还是无意识的，都有搬弄是非之嫌。

善于为上级解决急待解决的问题

▶▶ 领导警语

　　有些事绝对不能办，但上司或许要办；有些事非干不可，但上司或许认为难以办理。如果做下属的确实有些独到见解，必须切实向上司报告，即使遭到呵斥，也不必计较。等到上司怒气平息之后，再次重申自己的见解，上司也肯定不会始终固执己见。像这样处理过一、二件事后，就可能获得上司的信任。如果胸无定见，随声附和，曲意逢迎，即使当时能得到上司的欢心，但最终将遭到鄙弃，望谨慎行事，不要做后一种人。（事有断不可行而上司或行之，有必当行而上司或难之。苟确有所见，必须切实禀陈，即遭呵斥，亦所勿计。待其怒息，再申前说，上司亦断无始终固执者。如此经理一、二事，庶几足以见信。倘依阿逢迎，虽见好目前，终必为所鄙薄，慎毋蹈之。）

——《牧令书辑要·事上》

　　在上级面前，领导者最终还要靠本事说话——别人想不到的办法你想到了，别人解决不了的问题你解决了，你对于励精图治、想有所作为的君主来说就是一块天下至宝，他不信任才怪。

战国时期，李悝在魏文侯的支持下在魏国实施改革。李悝不负重托，立即着手起草文告，颁布国内各地，实行农业改革。为了增强改革实效，他经常亲率官员驱车奔行于各地农村基层，进行督导、检查。几年下来，国内粮食产量逐年递增，农民过上了比较安定的生活，国库的收入也大大提高。在改革过程中，李悝发现了一个问题，即粮食价格对农民生产积极性有很大影响。粮食多了，粮价太低，使农民的积极性逐渐消失。用粮的也不爱惜粮食，粮食产量又下降了。遇到荒年、饥年，粮价昂贵，一般百姓买不起，没有粮食吃，只得四处流浪。于是，李悝又奏请魏文侯，实行"平籴法"，即把丰年和饥年各分三等：丰年分大熟、中熟、小熟；饥年分大饥、中饥、小饥。按照年成好坏，确定应纳税额和农民自留粮的数额，然后由国家平价收购。到荒年饥年时，再由国家平价卖出。这样，好年景粮食大丰收，也不会再出现粮贱伤农的情况；遇到水旱灾荒的年头，也不致粮价昂贵，百姓买不起粮食。由于国家平价收购卖出，市场上粮价一直稳定，百姓不饥不寒，生活安定，国家赋税收入也有了相应保证。

在李悝的操持下，魏国实行"尽地力之效"和"平籴法"长达 10 年之久，魏国人民果然日益富裕。老百姓纷纷称赞魏文侯用人有方，称李悝是位好"管家"。

在实行经济改革的同时，李悝为了招徕四方人才，又大刀阔斧地进行政治改革。针对世袭禄位制度的种种弊端，李悝干脆废除了这种制度，推行"食有劳，禄有力，使有能，赏必行，罪必当"等一系列措施，按功劳大小，对国家贡献多少授予职位和爵禄。具体规定：不论贵族还是平民，只要有治国安邦的才能，都可以在朝廷做官，领到应得的俸禄；不论什么人，一律按照功劳大小安排职务；官员各司其职，有功者赏，有罪者罚，不准徇私；凡无功而又作威作福者，即使是贵族也必须取消其爵位和俸禄，由于执行了公允、平等和奖惩分明的原则，李悝的政治改革获得了巨大成功，不仅提高了国家机构的办事效率和人员素质，还极大地吸纳了各方人才，调动了举国上下励精图治的积极性。

李悝并不就此止步，为了保证改革的顺利进行和维护改革成果，又在法律领域大展拳脚。他根据魏国的具体情况，参照以往的律令，吸收了各国法令中可取的部分，制定了一部新法典，即《法经》。这是我国第一部比较完整的成文法典。其内容分《盗法》、《贼法》《囚法》、《捕法》、《杂法》、《具法》六部分。头两篇是《盗法》和《贼法》，分别对"盗"、"贼"的含义做了具体规定；《囚法》和《捕法》具体规定了惩治"盗"、"贼"的各种办法；《杂法》是关于盗取兵符、官印以及贪污等违法行为的惩治规定；《具法》是对量刑轻重的诸项规定。这部法典颁布实施后，对维护国家秩序起了重要作用。后来。这部《法经》被李悝的学生商鞅带到秦国，对秦国变法产生了重大影响。由于这部法典充分反映和代表了统治阶级的意志，从而成为后来历代封建统治者奉行的法典蓝本。

李悝深知，一个国家要富强，在各国中生存发展甚至称霸，仅发展经济、改良政治是不够的，还必须建立一支强大的军队。眼见魏国军力不强、将士素质不高，李悝想进行改革，但自己在这方面并不在行，怎么办呢？李悝忽然眼睛一亮，何不请吴起帮忙呢？这位卫国出生的年轻人有雄才大略，尤其擅长打仗。记得当年他来魏国时，自己还曾助他一臂之力。当时，魏文侯问自己吴起如何，自己极力推荐道："吴起这个人虽然贪名好色，但在用兵方面，即使大军事家司马穰苴也比不上他。"魏文侯遂用他为大将，派他攻打秦国。吴起不负众望，很快就攻下了5座城市。由于战功卓著，吴起后来又经翟璜推荐担任了西河太守。想到这里，李悝不禁笑了。于是，他派人找来吴起，共商军事改革的大事。在吴起的帮助下，李悝的军事改革又在魏国拉开了帷幕。

李悝的军事改革，除注重改善官兵关系外，其目的就是建立一支能征善战的常备军。为此，李悝对军士制定了严格的挑选标准：身穿三甲（上身甲、股甲、胫甲），肩负12石之弓，带50支箭，扛长矛、头戴盔甲，佩剑，备3天的粮食，半天行走100里。一旦选中，待遇也非常优厚，免除全家徭役，奖给田宅。这对于调动将士的战斗积极性起了重大作用。短短几年内，魏军战斗力大大增强，各国一时不敢与之争锋。

公元前396年，魏文侯病逝。太子击即位，是为魏武侯，继续以李悝为相国，59岁的李悝不顾年迈，继续辅佐魏武侯，由于操劳过度，于公元前395年病逝，终年60岁。

李悝胸怀济世之才，得遇明君——魏文侯是他改革成功的先决条件。由于李悝谦虚大度，善于团结同僚，减小了变法的阻力，使得变法得以顺利进行。但改革有序，先经济而后政治、军事的正确原则是他成功的重要因素。由于他的改革卓有成效，大大提高了魏国国力，帮助魏君实现了梦寐以求的愿望，终其一生他都受到两代魏君的支持也就在情理之中了。

三做深解

以自己的表现了弥补领导的不足

作为上司和下属要有的心理准备是，干工作不仅要依靠自己的能力，同时也要知道个人的能力总是有限的，因此上司和下属应该学会相互依靠。

（1）下属应该填补上司不擅长或能力不足的方面、技术干部出身的上司，如果不擅长与其他部门交涉，则下属应该负责与外部门人员的交涉和谈判等事情。相反，如果上司擅长与人交涉和谈判，但却不长于工作细节的考量和拟定详细的计划等，则下属就应该主动担负这些工作。

（2）如果下属以某种施恩的态度来承担这些工作，就会引起相反效果。另外，下属有些工作，起初是为了替上司解难才承担的，如果弄得自己太突出，就容易招致误解："这家伙爱出风头。"这并不是说下属不该替上司解难，而是要把这种替代工作控制在适当的范围内。这种分寸不好掌握，既要帮助上司，又要保全上司的面子，但却是一定要做到的。

（3）不可踏入上司的领域，尽快抓住扮演上司所需的角色。的确，每一位上司都有他不可侵犯的圣域，也就是他最得意而引以为傲的领域。有些下属工作能干，却不小心而在上司的领域里随便插嘴，或任意妄为，这是很不好的。上司总是认为，能够弥补自己缺点的能干下属，是可靠的；但是对上司擅长的领域也要插手的下属，会被上司认为爱出风头，如果经常这样做，上司就会警觉，长此以往，说不定会演变成敌对关系。

首脑与副手的关系应该如此，领导者与下属的关系也应该如此。如想成为上司的得力助手而受信赖，应该要与上司配成搭档，努力成为他的好伙伴。以你的力量使上司发出光辉，其终极结果你也会发出光芒。

功成之后要有退避之心

▶▶ **领导警语**

　　贪心于独揽大权的人，不会把事情分给别人做。（贪于政者，不能分人以事。）

——《墨子·尚贤中》

　　领导者建立功勋是为了得到上级的赏识，使自己的事业得到更大的发展。但是当你的功劳已足够大，你的地位已足够高，并有可能威胁到上级的权威和地位时，面对似乎十分光明的前景，必须要有清醒的认识，要有主动退避之心，否则就有可能惹祸上身。

　　正反两方面的例子都有不少。

　　春秋末年，越王勾践在范蠡和文种的辅佐下，苦身劳力二十年，深谋远虑，终于灭掉吴国，而且兵临中原，号令诸侯，成为霸主。灭吴之后，越国君臣设宴庆功，群臣皆乐，唯独越王勾践面无喜色。机警聪慧的范蠡察微知著，立即识破了越王的心思。越王为雪会稽之耻，灭掉吴国，不惜卑身事下，愿与臣下同甘共苦，共度艰难。如今大功告成，越王能实践先前的诺言吗？我与文种功勋卓著，位高权重，越王对我二人能放得下心吗？范蠡经过深思熟虑，认为大名之下难以久居，且勾践的为人，可与同患难，难与共安乐。于是他毅然向勾践告辞，请求退隐。勾践得知范蠡要辞退，就召见范蠡，对他说："先生若愿留在寡人身边，寡人愿与你共分越国，若不遵从寡人，将身死名裂，妻子为戮！"范蠡当然知道越王的所谓"共分越国"纯属虚语，而"身死名裂，妻子为戮"，越王是肯定做得出来的。于是他回答道："君行其法，我行其意。"事后，范蠡不辞而别，抛弃家业，带领家眷，驾一叶扁舟，出三江而入五湖。后来定居于陶，成为巨富。范蠡走时，曾投书同僚文种，劝说道："狡兔死，走狗烹，飞鸟尽，良弓藏。越王为人，长颈鸟喙，可与共患难，不可与共荣乐，先生何不速速出走？"

文种原先对于范蠡的辞职并不理解，认为越王不可能如此绝情，当他看了这封书信后，才如梦初醒，从此他便假托有病，不复上朝理政。果然，越王的猜忌之心日益暴露，心里不再容得下这位胸藏韬略的谋臣，便派人赐予文种一把剑，说道："先生教我伐吴七术，我仅用其三而灭亡吴国，其余四术还藏于先生胸中，请先生追随先王，试行余法吧！"文种见所赐之剑，正是当年吴王赐予伍子胥自杀的那把"属镂"剑。文种长叹一声，怀着无比悲愤的心情引剑自刎而死。

与范、文的际遇相似的，还有汉初三杰中的二杰张良、韩信。

在楚汉战争中，韩信拥兵数十万，叱咤疆场，屡出奇谋，战必胜，攻必克，特别是垓下一战，一举击败楚霸王项羽，威震海内，名高天下。但韩信不仅不知急流勇退的道理，反而好大喜功，自恃功劳大，以致言行不加检点。明清之际的著名学者王夫之在《读通鉴论》中曾有这样一番评论："韩信初定齐地，就请高祖封他为齐王，可见韩信之心由来已久。

怀着买卖之心侍奉君主，君主知道了你的目的，货虽已售出，但君主心中已积下了怨恨。"这种以"利"相结合的君臣关系是秦汉之际的特殊现象，这种因政治实力和利益关系的结合使君臣之间猜忌和互不信任的情况随处可见。刘邦对韩信就极不放心，故垓下之战一结束，刘邦就改封他为楚王。不久，刘邦采纳陈平的计谋，借口游云梦泽，大会诸侯，一举擒拿韩信，然后把他贬为淮阴侯。这时的韩信犹不知自省，对汉高祖心怀怨恨，称病不朝，终于落得被刘邦夷灭三族的悲惨下场。

当然，韩信的被诛杀，最根本的原因还在于刘邦的猜忌，不能容忍功高权重的大臣，必欲置之死地而后快，同时也与韩信本人居功自傲、不能谦柔自守有关。

与韩信不同，张良在功成之后能够善处君臣关系，不仅使自己得以免除祸患，而且对王朝的稳定也有一定的好处。

张良是秦汉之际最出色的谋略家。他辅佐汉高祖，策无遗算，运筹于帷幄之中，决胜于千里之外，使刘邦的势力由小到大，由弱变强，最终统一了天下。张良虽被汉高祖称为"人杰"，却没有自恃才高的傲气，其志在为韩报仇，而视功名利禄为鸿毛。当天下统一后，高祖以齐地三万户封张良，张良婉言谢绝，只愿封为留侯。随之即以体弱多病为由向高祖告假，表示从此不问世事，愿从赤松子游，修炼导引辟谷之术。此后他便闭门不出，不再过问世事。

张良在大功告成之后不图酬报，引身而退，因此高祖对他毫无戒备之心，始终把他当做最可信赖的人。高祖晚年甚至把太子也托付给张良。张良虽然胸藏韬略，但他心怀坦诚，光明磊落，淡于功名，甘心寂寞，急流勇退，与世无争，因此始终得到汉高祖的信任。

三做深解

功成就当勇退

旧时结义兄弟在发誓时，都要说一句"安危他日终须仗，甘苦来时要共尝"。然而富贵后不相忘，不相残的又有几人呢？创业时，举步维艰，他只有靠着你才能大富大贵，这时待你自然亲如手足。但到富贵时，你就成了威胁到他利益的绊脚石，谁让你劳苦功高呢？所以这时你就必须功成身退，免得遭他暗算。

人往往可以同患难，而不能共享荣华富贵。如果你是个聪明人，就最好有点老实的精神，不贪名，不逐利，更不要与人共富贵。很多聪明人在成功时急流勇退，在辉煌时退向平淡，就表示自己不想再分享别人的富贵，免得从高处摔下来。

而那些不知进退的家伙，当然就难有好下场，这事怪不得别人，谁让他不识时务呢。